医养健康专业群"三三育人"手册

——我的"医路"成长

主 编 胡爱招 汪 妍

ZHEJIANG UNIVERSITY PRESS
浙江大学出版社
·杭州·

图书在版编目（CIP）数据

医养健康专业群"三三育人"手册：我的"医路"
成长 / 胡爱招，汪妍主编． — 杭州：浙江大学出版社，
2023.7
ISBN 978-7-308-23949-3

Ⅰ．①医… Ⅱ．①胡… ②汪… Ⅲ．①养老－社会服
务－教学研究－高等学校 Ⅳ．①D669.6

中国国家版本馆CIP数据核字(2023)第111765号

医养健康专业群"三三育人"手册——我的"医路"成长

胡爱招　汪　妍　主编

责任编辑	秦　瑕	
责任校对	徐　霞	
封面设计	杭州林智广告有限公司	
出版发行	浙江大学出版社	
	（杭州市天目山路148号　　邮政编码　310007）	
	（网址：http://www.zjupress.com）	
排　　版	杭州林智广告有限公司	
印　　刷	杭州高腾印务有限公司	
开　　本	710mm×1000mm　1/16	
印　　张	11.5	
字　　数	175千	
版 印 次	2023年7月第1版　2023年7月第1次印刷	
书　　号	ISBN 978-7-308-23949-3	
定　　价	36.00元	

编委会

主　　编　胡爱招　汪　妍

编写人员（按姓氏笔画排序）
王　岚（金华职业技术学院医学院教科办主任）
王　翊（金华职业技术学院医学院团委书记）
池海标（金华职业技术学院医学院学工办主任）
严春霞（金华职业技术学院医学院检验技术专业主任）
李春燕（金华职业技术学院医学院护理专业主任）
汪　妍（金华职业技术学院医学院党委副书记）
张慧芳（金华职业技术学院医学院中药学专业主任）
林益平（金华职业技术学院医学院助产专业主任）
周向峰（金华职业技术学院医学院临床医学专业主任）
胡爱招（金华职业技术学院医学院医养健康专业群带头人）
陶　萍（金华职业技术学院医学院康复治疗专业主任）
潘超君（金华职业技术学院医学院实训中心主任）

每个职业都有其特殊性和职业精神。医护人员被誉为"白衣天使""白衣战士"，肩负着救死扶伤的神圣职责。医护人员的职业特性和职业精神尤为鲜明，都浓缩在神圣的医学誓言和护理誓言中。

医学教育在其发展历程中，其内涵在不断丰富、深化。作为医学院的老师，我们时常在思考，应该通过怎样的教育，将不断丰富和深化的职业精神、职业文化，以深入浅出的方式根植于学生心里，增强其学习主动性，为今后成为"白衣战士"奠定坚实的思想基础。

二十大报告指出"推进健康中国建设。把保障人民健康放在优先发展的战略位置，完善人民健康促进政策。"二十大对健康中国建设的部署，为医护教育事业发展指明了方向，提供了基本原则，人民健康促进政策的完善则对医护教育提出了更高要求。基于国家护理专业教学创新团队立项课题"新时代职业养老育幼专业领域团队教师教育教学改革创新与实践"（项目编号 ZH2021070301），我们组建了编写团队，走进金华职业技术学院医学院百年校史，走进众多前辈的职业生涯，结合目前"院校融通、学做一体"的医护人才培养模式，围绕"操作技能、临床思维能力和高尚职业精神"三维并重的培养目标，通过"专业学习、实训实践和学生活动"三环联动的培养过程，基于进阶式的"知识、能力、素养"三阶过关的考核体系，编写了这本《医养健康专业群"三三育人"手册——我的"医路"成长》。

本书分为五章：第一章是"上善若水，仁心相护"，讲述医学的文化内涵，对学生理想、信念和价值观进行引领，激发学生的职业情怀和专业认同。第二章是"走进金职，走进金医"，介绍学校发展和专业发展历程，重在传承"上善若水、仁心相护"的专业文化。第三章是"学习榜样，赶超先进"，讲述前辈、师长、学长在专业领域孜孜以求、无私奉献的典型事迹，给学生树立学习和追随的楷模。第四章是"没有规矩，不成方圆"，介绍学生入校后的各种管理制度，从教学管理、校园生活、实验实训等维度展开，树立学生的规范意识。第五章是"专业领航，追求卓越"，介绍每一个专业的概况、就业方向、核心课程、考证要求和技能竞赛等，同时介绍学生在校期间可以参加的社团活动、志愿服务和技能大赛等，培养学生追求卓越的精神。

本书编写仓促，尚显粗陋，错讹之处在所难免。我们真诚地希望读者能提出宝贵的意见和建议。

目 录

1

上善若水，仁心相护

"敬佑生命、救死扶伤、甘于奉献、大爱无疆"，这16个字既精准地反映了医疗卫生行业保障人民群众健康的神圣使命、特殊价值和崇高境界，又饱含着党和国家对发展卫生和健康事业、增进人民群众健康福祉的高度关心和重视。

敬佑生命：医学的基本任务是疾病的预防、诊断、治疗和康复，敬佑生命是医者的基本底线。敬佑生命，就要做到以人为本，尊重病人的个体差异，急病人之所急，想病人之所想，一切从病人出发，一切以病人为中心。

救死扶伤：救死扶伤是医疗健康行业的职业特征，也是医务工作者的天职。医务工作者必须有除病祛疾的真本领，本着高度负责的职业态度和道德操守，对患者进行细致入微的观察、冷静专业的诊断、及时准确的处理。

甘于奉献：甘于奉献是对医疗卫生事业不计回报的全心付出。甘于奉献更是一种品格，这种品格迸发出的创造力、凝聚力、感召力，是当今广大医护人员赢得全社会的尊重和认可的基石。

大爱无疆：孙思邈认为，为医者要"先发大慈恻隐之心，誓愿普救含灵之苦，若有疾厄来求救者，不得问其贵贱贫富、长幼妍媸、怨亲善友、华夷愚智"，应该"普通一等，皆如至亲之想"。

写给选择学医的你

每一代青年都有自己的际遇和机缘，你们在成长岁月中亲历了第一个百年奋斗目标的实现，也将是实现第二个百年奋斗目标的实践者、参与者、见证者。世界之变、时代之变、历史之变将为大家施展聪明才智提供广阔舞台。你们也经历了新冠疫情时代，无论是隔离在家、居家学习、上云端课程，还是线上线下考试，相信新冠疫情已经在你们的成长岁月中留下了难以磨灭的记忆。你们也能更加深刻地感受到，自身的成长始终与时代脉搏同频共振，更与国家命运休戚相关。

从你们步入校园的那一刻起，我坚信你们都踌躇满志、豪情满怀！每一位同学都怀着救死扶伤的梦想来到这里。大学是同学们三观形成和确立的重要时期。古人云："大学之道，在明明德，在亲民，在止于至善。"无论是"天下兴亡，匹夫有责"的家国大义，还是"修身、齐家、治国、平天下"的人生追求，抑或是"己所不欲，勿施于人"的推己及人，都要求树立正确的人生观、价值观和世界观，要自觉践行社会主义核心价值观。作为医学院的新生，要在百年金医的优秀传统文化中汲取营养，矢志追求更有高度、更有境界、更有品位的人生，才能在人生道路和漫漫征途中行得更正、走得更远。

非志无以成学，非学无以广才。大学意味着一次青春梦想的再出发。大家要努力调整好心态，尽快适应角色的转变，适应学习方式的转变，学会自主学习、独立思考，以更加积极主动的姿态和更强的求知意识追求真理，探索新知。但大家身处多元化、碎片化的互联网、新媒体时代，面临日益激烈的竞争和日新月异的发展，很容易在步履匆匆中忘却初心、陷入迷茫。所以请大家一定要处理好豪情万丈和久久为功的关系，学会坚毅和自律，不被名利所诱惑，不被浮躁所鼓动，不被流俗所蒙蔽，抛弃"顺其自然""得过且过""佛系躺平"的想法，以"志不求易、事不避难"的精神，以坚如磐石的定力和意志，披荆斩棘，一往无前。正所谓"耐得住寂寞，才能守得住繁华"。奋斗是青春最亮丽的底色。唯有不言歇、不言弃、不言败地执着奋斗，勇做走在时代前列的奋进者、开拓者，才能书写无愧于时代的青春之歌和精彩人生。

作为医学院学生，你们大多数日后要承担起救死扶伤的神圣责任。医者不仅要具备扎实的知识、过硬的技术，更重要的是要有仁心仁爱，要注重立德修身。古人云，"树德莫如滋，去疾莫如尽"。立德修身是一个需要长期坚持并且艰苦的过程，稍有松懈就会前功尽弃。希望大家能够不断修炼海纳百川的人生格局，大度宽容，尊重差异，乐善好施；保持积极向上的乐观心态，健康自律，心境豁达，学会感恩；树立大爱无疆、甘于奉献的医者仁心，执善念，树医德，祛病魔，救苍生。因此，我希望同学们要把认真上好每一堂课当成第一要务，在课程学习中收获能量，在博览群书中沉淀气质，在千锤百炼的实训中练就本领，在各种竞赛实践中培养能力，努力做到"博学之，审问之，慎思之，明辨之，笃行之"。

平凡微光里的医者仁心

　　一百多年前，护士南丁格尔的一盏油灯，点亮了生命之光。一百多年后，一位百岁老人，循着这盏油灯，在诠释医者仁心的漫漫长路上，从未止步。《人民日报》也刊登过她的事迹，号召广大青年学习她持之以恒的奉献情怀。她，就是陆月林老师。

　　在金华职业技术学院，几乎所有师生都知道这位满头银发、干劲十足的"护士奶奶"。作为学生的引路人，为了让学生体验静脉注射的真实感，她竟然当起了试验对象，鼓励学生在自己的小腿上扎针。学生不忍心，可陆老师斩钉截铁地说："必须扎！每个人都要扎！"就这样，学生的针法练好了，老师腿上却青一块、紫一块，三尺讲台留下了她默默奉献的身影。从教师岗位退休后，她退而不休。虽年过百岁，依旧活跃在社会服务的路上。每年的大年初一她一定是在福利院度过的；每周三她一定会给养老院的护工们上健康课；为了帮助偏瘫患者，二十几年来她风雨无阻……她总说，帮助别人是一种快乐，选择护理就是选择了奉献。

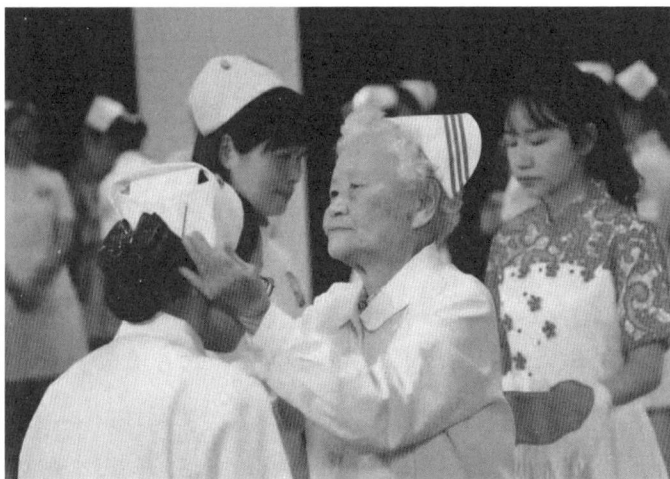

老骥虽伏枥，百年志不渝！陆月林老师，就是医者仁心的真诚述说。

在金华职业技术学院医学院百年的医学教育中，医者仁心代代传承！作为医护工作者的一种职业精神，它在不同的时代有不同的内涵，"为人民服务""以人为本""以人民为中心"，守本开新，与时俱进。习近平总书记指出，要把人民健康放在优先发展的战略地位。这也赋予了医者仁心新的时代内涵。医者仁心概括起来是一种理想信念，立足爱国爱岗；是一种职业精神，展现敬业担当；更是一种品德修为，诠释奉献大爱。

一代代"医路·健行陆月林志愿者先锋队"接过前辈手中的接力棒。千千万万的新时代提灯人传承医者仁心，在健康中国建设之路上砥砺前行。

新时代的医者仁心，是厚植爱国主义情怀，服务西部医疗，把好青春成长的"船舵"。95后的志愿者先锋队队员王蔚，毕业后毅然踏入医疗资源紧缺的西部高原。在西藏林芝，她走遍7个区县进行疾病筛查宣教；增设疾控中心检测项目十余项；参与紧急救护数十次；当年林芝两次6级以上地震，她更是冲在了救援的一线……一年援藏期满后，她毫不犹豫地选择留下，在高原绽放了最美的格桑梅朵。在和她的联络中，她告诉我，在这片高原上她实现了自己对社会的承诺。习近平总书记给北京大学援鄂医疗队全体 90 后党员的回信中这样说道："让青春在党和人民最需要的地方绽放绚丽之花。"①扎根西部，服务祖国，以青春之我支援西部医疗卫生建设，王蔚只是新时代提灯人的一个缩影。自 2003 年启动"西部计划"以来，已有近千名大学生志愿者奔赴祖国最需要的地方，从事医疗卫生支援服务。他们锚定了青春奋斗目标，用家国情怀照亮医者的仁心征程。

新时代的医者，勇担救死扶伤职责，奔赴抗疫前线，唱响敬佑生命"最强音"。新冠疫情来势汹汹时，医护人员勇敢逆行，用微光唤醒生命的希望。在抗疫前线，在医疗一线，在各个地区抗疫卡口，医护人员为守护人民健康筑起最后一道防线。在武汉天佑医院的"红区"，80 后先锋队员陈彩时刻感受着"与时间赛跑"的生命速度。气管插管、呼吸机使用、纤维支气管镜检查，每一次为病人近距离的操作都有被喷溅和感染的风险。在生与死的边缘，她也曾感到害怕，但从没想过退缩。在每一个苏醒的生命背后，我们看到的是医者被汗水浸透的防护服、布满勒痕的脸、疲惫不堪的背影和那些走向一线的坚定步伐；读懂的是他们敬佑生命、救死扶伤的仁心和使命。

新时代的医者，是践行大爱无疆誓言、扎根基层大地、实现健康中国的"生力军"。为加强基层卫生医疗服务体系和全科医生队伍建设，近十年，已有近千名医生扎根在广袤的农村大地，成为播种希望和健康的提灯人。他们中有 7 次不接大医院抛来的"橄榄枝"，献身农村卫生事业的全国"医德标兵"陈伟国；有踏遍农村文化礼堂，普及救护知识的 90 后乡村医生庄轶超；也有 23 年来"只要你需要，我随时在"的热心全科医生刘宣伟。可喜的是，我们看到越来越多的 80 后、90 后甚至 00 后提灯人，怀揣着梦想，走进农村，选择基层，服务基层，扎根基层，甘当农村健康的"守门人"。

敬佑生命、救死扶伤、甘于奉献、大爱无疆，这些是医者仁心的时代内涵。在这场建设健康中国的接力跑中，新时代的提灯人更要传承医者仁心，一棒接一棒地跑下去。在全心全意为人民服务的征途上，让平凡的微光吸引微光，为实现中华民族伟大复兴中国梦贡献力量。

---

① 见"习近平给北京大学援鄂医疗队全体'90'后党员的回信"，2020 年 3 月 15 日，新华社发。

我们对专业的认识和理解在成长中会不断发生改变。在你刚刚踏入校门的时候写下你选择这个专业的初心，3年后回头看看或许会很有趣。

走进金职，走进金医

　　学校是学生报考志愿时的重要考虑因素。学生选择学校，既要看它的历史、地域，又要看它的综合实力，包括大学的历史沿革、专业建设、师资力量和办学特色等。每所大学都有自身的底蕴和内涵，大学的精神、学风、校风等都潜移默化地影响学生的人生观和价值观。

金华职业技术学院简介

金华职业技术学院（简称"金职院"）创办于1994年，1998年经教育部批准成立，是教育部批设的首批28所高职院校之一。学校整合了金华师范学校、义乌师范学校、金华卫生学校、金华农业学校、金华供销学校、浙江农机化学校等6所国家或省部级重点中专的计划资源，办学可追溯到1907年创办的金华府官立初级师范学堂，具有百余年的办学历史。学校立足职业教育，不断传承创新，先后被列为国家示范校、国家优质校、浙江省重点校和国家"双高计划"A档建设单位（全国仅10所），在省内率先通过高职高专人才培养工作水平优秀评估，获评全国职业教育先进单位，入围全国高职"服务贡献、国际影响力、教学资源、育人成效、实习管理、教学管理、学生管理"七个"50强"，入选国家乡村振兴人才培养优质校，入围全国高职院校"服务贡献典型学校、学生发展指数优秀院校、资源建设优势学校、教师发展指数优秀院校"等四大榜单。

学校现有教职工1600余人，其中国家级人才5人、全国模范教师1人、国家级职业教育教师教学创新团队2个，省级人才70人、省级教学团队6个。近年来，学校获全国职业院校教学能力比赛一等奖10项、国家教学成果奖8项、全国教材建设奖一等奖2项、国家级课程思政示范课4门，有全国课程思政教学名师和团队各1个，位列全国高职院校教师教学发展指数榜单第三。学校承担国家级科研项目25项、省部级近400项，建立院士专家工作站2个，获批省级重点实验室、省级工程实验室和省级应用技术协同创新中心。学校获授权专利 1976 件，软件著作权 342 件，年科技服务到款近 3000 万元。学校与浙江省教科院联合成立"浙江省现代职业教育研究中心"，是全省唯一依托高职院校设立的省级社科重点研究基地。该中心聚焦职教研究，多次承担教育部、教育厅委托研究任务，为我国职业教育改革前沿提供决策依据和研究参考。研究成果获省部级以上领导批示 40 余次，在《人民日报》《光明日报》《中国教育报》等国家级媒体上刊发报道和署名文章 50 余篇，办学经验在各类全国性高端会议上介绍发言 30 余次。

学校紧密对接浙江省八大万亿产业和金华五大千亿产业，形成有效对接信息网络经济、先进装备制造、健康生物医药以及现代农业、文教卫生的 10 大专业群，招生专业 59 个。其中国家高水平专业群 2 个，国家重点支持建设的示范专业 3 个，四年制高职试点专业 2 个、本科教学点专业 1 个、联合专升本办学专业 4 个，全日制在校生 2.2 万余人。2021 年全国职业院校技能大赛获奖总数、获奖学生数位居全国第一，在全国普通高校大学生竞赛排行榜五轮总排行榜中位居全国第一。学校先后获评国家级首批职业院校创新创业教育基地、备案国家级众创空间，中国"互联网+"大学生创新创业大赛累计获奖数居全国高职第一。学校现为教育部首批现代学徒制试点单位，全国 100 所毕业生就业状况布点监测高校，每年向社会输送 8000 名左右毕业生，毕业去向落实率 97% 以上。毕业生对母校满意度和用人单位对学校毕业生满意度均超 90 分。学校涌现了一大批获得全国模范教师、全国师德楷模、全国五一劳动奖章、全国三八红旗手、全国道德模范、感动中国年度人物、全国脱贫攻坚先进个人、全国先进工作者和人民满意的公务员等荣誉的杰出校友。

学校坚持开门办学、校企合作，创立"五位一体"育人模式，实施"校内基地生产化、校外基地教学化"，建设"校企利益共同体"。近年来积极打造实体化、"产学研训创"一体化的"产教共同体"，通过政校行企专业共治、课程共建、师资共融、人才共育和评价共促，形成了基于产教融合的职业教育质量管理模式。在实践中，持续创新形成了"三引领、三融合"人才培养改革、"四方参与、四类评价"教学质量评价、"4+X"教师考核评价、"五纵五横"学生管理服务等"金职范式"。深度聚焦校企合作，打造产教融合高端平台，现建有国家首批产教融合工程项目智能化精密制造产教园，首批国家示范性职教集团——浙江省现代农业职业教育集团，浙中新能源汽车产教联盟等多项高端产教实体；同时，积极与华为技术、辉瑞制药等世界或国内500强企业开展深度合作。学校立足区域发展，发挥办学优势，不断深化校地合作。学校牵头成立金华市应急管理学院、退役军人学院和乡村振兴学院；与金华经济技术开发区建立全天候、全领域、全方位的战略合作关系；与武义县政府签约共建"武义学院"，挂牌设立武义县职校、婺城区九峰职校和磐安县职教中心等3所附属中职学校，形成区域职教集团，积极助力区域共同富裕。学校深化"培训+"模式，年社会培训30万余人·天，服务区域产业建设的能力不断提升。

学校先后与阿克苏职业技术学院、阿克苏教育学院、柴达木职业技术学院、西昌民族幼专等20余所院校开展东西部对口协作交流，每年接待来校考察交流的兄弟院校200余所。学校与39个国家和地区的百余所高校、教育机构建立长期合作关系，并成功入选WFCP世界职业教育院校联盟；先后招收60多个国家的1000多名留学生；成立非独立法人中外合作办学机构怀卡托国际学院（招生专业5个），开展中外合作办学项目4个；主动招收卢旺达政府委托培养班留学生99人，并于2017年在卢旺达设立"金职院卢旺达穆桑泽国际学院"。电气自动化技术和电子商务两项专业教学标准通过卢旺达高等教育委员会（HEC）认证，纳入卢旺达教育资格框架体系（REQF），入选国家项目"未来非洲——中非职教合作计划"，成为全国首批"走出去"办学试点院校，不断推动职教理念和教学模式走进非洲。学校教育国际化水平连续三年蝉联浙江省高职高专院校第一。

充满生机和活力的金华职业技术学院将继续坚持区域服务型高职的发展定位，高质量完成国家"双高"建设，高标准创建本科层次职业学校，高水平服务国家发展战略，持续领跑高职教育，为省市两级共同富裕先行示范建设提供强力支撑，以高水平职业教育助力共同富裕，努力成为展示中国特色职业教育创新发展的"重要窗口"，为世界职业教育发展贡献中国标准和中国方案。

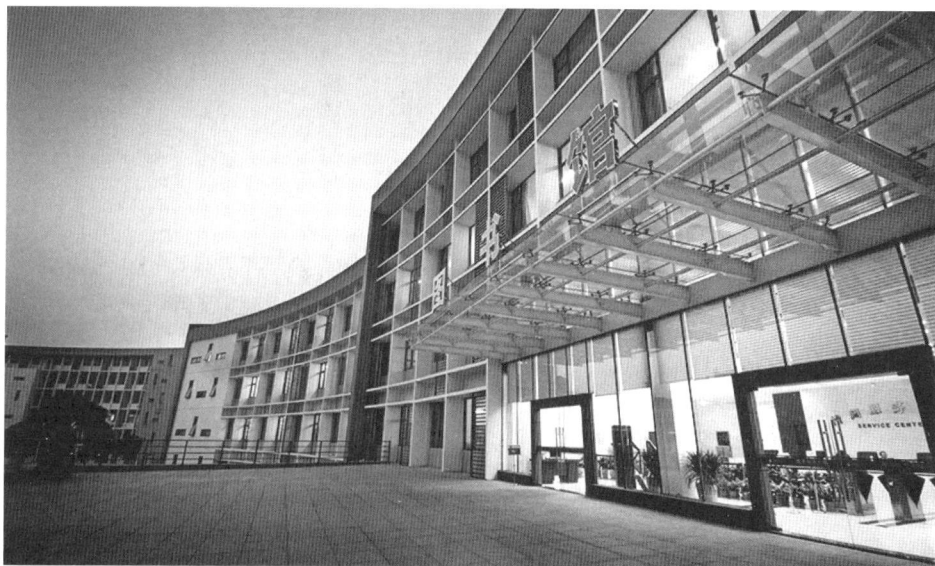

沧桑磨砺世纪，弦歌不辍百年

——金职院医学院发展历程

浙江省金华卫生学校的前身是金华福音医院高级护士职业学校，它创办于 1915 年，由福音医院院长马铿哲（美籍）兼首任校长；1929 年更名为私立福音高级护士职业学校，但仍附属于金华福音医院，负责人沙乐满和聂尔逊两位女士是美国基督教会委派在金华工作的。为了强化学校的民主管理，加快学校建设与发展，规范教学，通过民主选举并呈报金华福音医院与县政府审批，成立了首届学校董事会。学校的规划与建设发展、教学计划的制订与实施等均由董事会讨论决定。新中国成立前，学校附设在金华福音医院内，办学条件简陋，仅开设单一的护士专业。

1952 年 9 月，金华福音医院护士学校与浙江省立金华医院卫生技术学校合并，定名为浙江省金华卫生学校（简称"金华卫校"），江洪担任新成立的金华卫校校长。学校设置医士、护士、助产士三个专业，招生对象为应届或历届初中毕业生。为了适应学校的发展需求，除使用原有校舍外，在原福音医院的东侧新购置土地另辟校址，为此，学校成立了校舍修建委员会，负责新校舍的筹建工作。1953 年在原福音医院的东侧建成 1053 平方米的一幢教学办公综合楼；1955 年在其北侧又新建了一幢 973 平方米的教学楼，以满足教学需要，学校初具规模。1955 年，衢州护士学校的教工、学生、教仪设备等整体并入金华卫校，徐冰航任金华卫校校长。

为了适应以除"四害"为中心的爱国卫生运动发展的要求，金华卫校扩大了招生规模，并于 1958 年增设检验专业，于 1960 年增设药剂和妇幼医士专业。学校设置的专业数达到六个。

在国家提出大办医学教育精神指引下，经批准，1958 年 7 月，在金华卫校的基础上建立了金华医学专科学校，实施"一所学校两块牌子"办学。

1960 年 2 月，经批准，金华医学专科学校升格为金华医学院，设医疗系和中医系。为加强医学院和医院的统一协调建设，使医学教育与医疗工作更密切地结合，实行院校合一、统一领导，金华医学院和金华第一、第二医院共同成立医学院党委会。此后由于国家面临暂时困难，为贯彻"调整、巩固、充实、提高"的八字方针，医学教育亦做了相应的调整。"文革"开始后学校停止招生。

1972 年，浙江九所卫生学校恢复招生，同年 9 月 14 日，金华卫校恢复办学，并将学校易名为金华地区卫生学校，增设中药专业，填补了省内医学院校的专业空白。自 1972 年恢复招生后，学校部分分流和下基层的教职员工陆续归队，1976 年妇幼医士恢复招生，1979 年助产士恢复招生。1979 年 1 月，挂靠金华卫生学校成立浙江医科大学金华分校，任命徐坤为浙医大金华分校筹建领导小组副组长。当年春季招收 1978 年参加全国高校统一考试招生录取的医疗专业大专班学生 80 名。

　　1980 年 12 月，金华卫生学校被教育部评为"全国重点卫生学校"荣誉称号。此后，在校领导班子和全体教职员工的共同努力下，学校继续发扬光荣传统，以扎实的工作作风和求实的工作成效，得到上级有关部门的高度肯定和表彰，于 1994 年再获由国家教育委员会颁发的"国家级重点普通中等专业学校"。

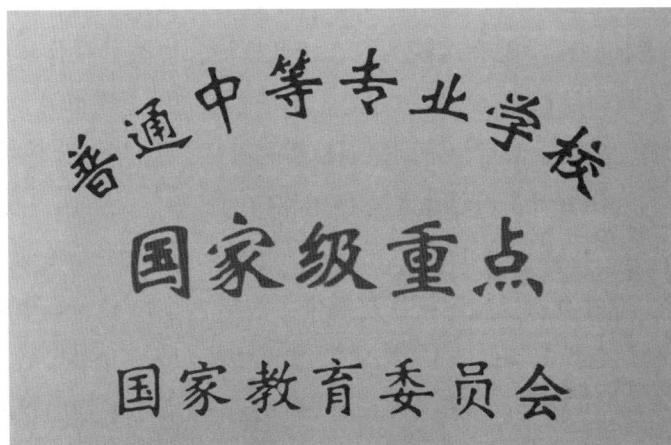

　　卫生部、国家教育委员会及浙江省有关领导，对学校的建设与发展特别关注，曾先后多次来学校视察和指导工作。1995 年 10 月，学校举行了隆重的建校八十周年庆典活动，上级领导及部分校友纷纷为校庆发来贺信或题词，祝愿

学校更好地培养医疗卫生人才，为人民健康做出新贡献。

为适应社会需求，改善办学条件，学校加快了基本建设，先后新建了2899平方米的实验楼，1608平方米的大礼堂，1719平方米的电教实验楼。1988年校园北扩工程完成，在人民东路新开校大门。1989年学校被列入区域性卫生发展规划单位，获得世界银行卫生Ⅲ贷款项目共80多万美元。这是学校建设发展中的一次极好机遇，在当年新建图书馆的基础上，建成2700多平方米的学生食堂，3740平方米的教学楼，有200米跑道的操场，并建设了校园与食堂连接的天桥，极大地改善了办学条件。

为了适应社区医疗工作的开展，学校于1991年在国内率先开展了中等卫校全科医学教育改革实践，并于1992年经浙江省教育委员会和浙江省卫生厅批准，受江山市卫生局委托，开办了首个四年制全科医学中专班，成立了全科医学研究室，开展中等医学教育研究和全科医学教育研究工作。1994年经浙江省教育委员会批准，在国内率先试办三年制全科医学高职班。在金华市卫生局的指导下，学校积极参与多湖镇全科医疗示范区的建设工作，共同培育全科医疗服务、合作医疗保障、乡村一体化管理"三位一体"的"多湖模式"。"全科医学高职教育研究"课题分别获金华市科学技术进步奖一等奖，浙江省科学技术进步奖优秀奖，2000年获金华职业技术学院教学成果奖一等奖和浙江省教学成果奖二等奖。金华卫校的全科医学教育成果被浙江省卫生厅确定为浙江省卫生事业辉煌二十年十三件大事之一，《健康报》做了专题报道。

学校于1988年确定"文明、团结、勤奋、求实"八个字为校风，并确定"爱国爱校、尊师守纪、勤学苦练、献身医学"为校训，这是对这所百年老校良好学风的总结与概括。1996年至1998年间学校增设了纪念雕塑，进行校园景点冠名，提升了校园文化品位。

2000 年 8 月，在金华卫校的基础上成立金华职业技术学院医学院。9 月 8 日，在金华卫校人民东路校区举行了医学院成立挂牌仪式。

进入 21 世纪后，学院的建设与发展进入了新的征程。通过加强内部管理，完善办学思路，学院办学活力不断增强，极大地调动了教师的积极性，在教学改革、专业建设、科学研究等方面取得了一个又一个新成就。学院的护理专业是国家级示范专业、省重点专业、省特色专业、省优势专业。2007 年，学校与澳大利亚伊迪斯·科文大学开展中澳护理合作办学，在浙江省率先启动了护理专业国际合作办学。2013 年，该项目入选浙江省示范性中外合作办学项目。学院的临床医学专业为校重点建设专业，2009 年开始承担"省长工程"，为金、丽、衢地区定向培养农村社区医生，通过特色办学实现了可持续发展。

春风化雨，聚德才兼备之教育英才。学院拥有国家职业教育教师教学创新团队 1 个，国家课程思政示范团队 1 个，省级课程思政示范团队 2 个；全国卫生职业教育教学指导委员会成员 7 人，全国食品药品职业教育教学指导委员会成员 1 人，全国模范教师 1 人，浙江省高职（高专）专业带头人 5 人，国家教学名师 1 人，浙江省教学名师 1 人，浙江省优秀教师 2 人，浙江省"新世纪151 人才工程"第三层次培养人员 1 人，金华市"321"第二层次及以上人才6 人。

　　筚路蓝缕，构优势特色之培养体系。学院目前开设临床医学、护理、医学检验技术、康复治疗技术、中药学、助产 6 个专业。临床医学专业在国内率先开设全科医学大专班，曾参与创建中国农村卫生工作的"多湖模式"，2009 年起定向培养社区医生，2012 年入选全国首批"卓越医生教育培养计划试点项目"。护理专业为国家重点支持建设示范专业、首批全国职业院校养老服务类示范专业点和教育部技能紧缺型人才培养基地。2003 年，护理专业开启中外护理合作办学，开创了浙江省护理专业国际合作办学的先河。医学检验技术专业为浙江省特色专业，是全国卫生行业指导委员会医学检验技术专业分委会主任委员单位。康复治疗技术专业是浙江省最早开设的专业，联合主持国家职业教育康复治疗技术专业教学资源库建设。中药学专业在省内同类院校中创办最早，以中药鉴定与中草药识别为特色，被誉为浙江省中药界的"黄埔军校"。助产专业在国内同类院校中较早开设，依托金华市不孕症研究所和医学院门诊部（附属医院筹）开展不孕症治疗和研究，享有较高声誉。

　　砥砺耕耘，建条件完善之教学基地。学院建有仿真医院（华夏护理实践基地）、基础医学实验中心（医学形态学科陈列馆）、医学分子生物学研究实验室和药学技术实验室等校内实训基地，实训用房 2.7 万平方米，教仪设备总值5000 余万元。其中仿真医院为浙江省高校示范性建设实训基地，建筑面积达1.6 万平方米。另设医学院门诊部，内设金华市健康咨询体检中心、金华市全科医疗服务中心等。学院依托附属医院——金华人民医院，以及浙江大学附属第一医院、上海交通大学附属新华医院、温州医科大学附属第一医院等省内外28家三甲医院和华东医药等国内500强企业深入开展医教融合，打造以教学、实习、就业、创业为一体的人才培养基地。

薪火相传，育"德医双馨"之金医学子。学校现有全日制在校生3000余人，各类成教学生4300余人。已为社会培养了3万余名医护工作者，培养了全国优秀教师、全国先进工作者、全国"五一劳动奖章"获得者、全国人大代表等大批优秀学生。近十年来，学生竞赛获国家级奖项89项，其中一等奖28项、二等奖32项；省级技能大赛类奖项90项，其中一等奖19项，二等奖34项；获浙江省职业生涯规划大赛一等奖2项，二等奖2项；社团仁心康复协会荣获全国高校"优秀学生社团"，"医路健行"志愿者先锋队获全国高校"百强社会实践团队"。毕业生每年就业率均在97%以上。

力学笃行，创日臻丰硕之科研成果。近年来，学院教师主持国家级课题1项，省部级课题38项，厅局级课题110余项；在国内一级期刊上发表论文24余篇，SCI收录论文65篇；主编国家规划教材19部；建有国家精品在线开放课程1门、国家精品课程3门、国家精品资源共享课程3门、省级精品课程8门；获国家授权发明专利11件、授权实用新型专利40件，软件著作权6件，外观设计专利3件；获国家级教学成果奖2项、全国卫生职业教指委教学成果奖一等奖2项、高职高专医学类专业教指委研究成果二等奖1项、省级教学成果奖3项。

百年春华秋实，百年沧桑磨砺。学院将秉承至精至善的办学理念，持续深化内涵建设，不断提升办学质量，努力谱写百年医学教育的新篇章，为将学校建成国内领先、国际先进的优质高职院校不懈努力。

【金职院医学院历史沿革】

百年薪火相继，百年春风化雨，百年春华秋实，铸就福音护校、金华卫校、金职院医学院一脉相承的风骨与神采。

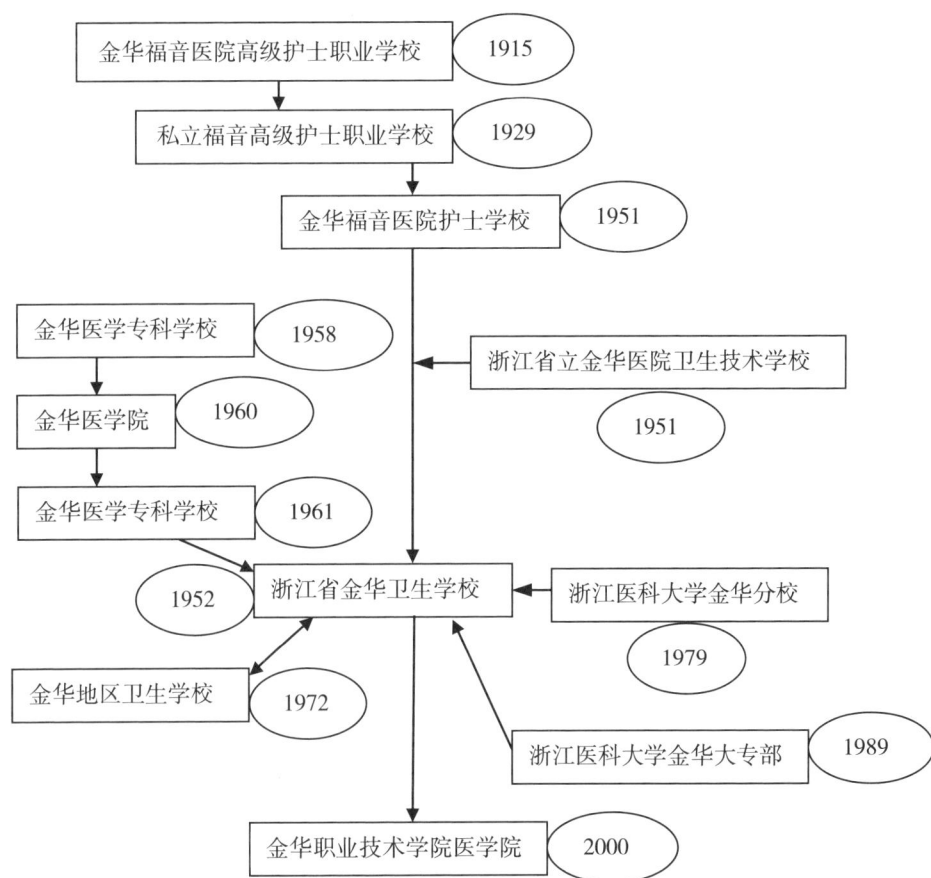

学院精神

——上善若水

百年医学，柔肩担道，大爱无疆，以救死扶伤为任，以悲天悯人为怀，扬水之上善，载水之厚德，此正乃医护人文精神之精髓也。

水之上善，一曰守拙。水往低处流，无往而不利；随风潜入夜，润物细无声。和光同尘，不事张扬；泽被万物，无欲无求。医护人员心怀苍生，情系病患，妙手除病痛，仁心慰疾苦。善莫大焉，而不自矜；厥功甚伟而不倨傲。甘于清贫，甘于寂寞，甘为人梯，甘当配角。此谦谦之风，如水之醇厚，山高水长。

水之上善，二曰齐心。万涓成水，汇流成河；奔腾万里，激浊扬清；川流不息，荡今涤古；长风破浪会有时，直挂云帆济沧海。医护人员孤军作战，游刃有余；团队作战，默契无间。面对大灾，万众一心；无影灯下，并肩克难。此凝聚之心，如水之威力，无坚不摧。

水之上善，三曰坚忍。柔而有骨，柔中带刚，关山层叠，百折不回，滴水石穿，浪击礁盘。水乃天下之至柔，然驰骋天下之至坚。医护人员柔情似水，刚毅如水。战争年代，驰骋疆场，救死扶伤；和平岁月，奔走病房，吃苦耐劳。此坚忍精神，如水之韧性，绵延不绝。

水之上善，四曰博大。海纳百川，不择细流；哺花花俏，育禾禾壮；度帆樯舟楫，饲青鲫鲢鲤。医护人员任劳任怨，吃得苦辣，忍得寂寞，容得屈辱。此博大胸怀，如水之深邃，包容万物。

水之上善，五曰灵活。水无拘束，有时细腻，有时粗犷，有时婉约，有时豪放。因时而变，夜结露珠，晨飘雾霭，化而生气，凝而成冰。医护人员常临急难险重之境，屡遇突如其来之变，临机善断，随机应变，方能逢凶化吉，遇险呈祥。此灵活之变，如水之灵动，永葆生机。

　　水之上善，六曰透明。水无颜无色，晶莹剔透；水光明磊落，堂堂正正。惟其透明，才能以水为镜，照出善恶美丑。医护人员一举一动，人命关天，亦当坦坦荡荡，洁身自好，出淤泥而不染，濯清涟而不妖。此坦荡之风，如水之澄澈，沁人心脾。

　　水之上善，七曰公平。水平如砥，水清如镜，器歪水不歪，物斜水不斜。医护人员不汲汲于富贵，不戚戚于贫贱，对病人一视同仁，对工作一丝不苟。此良善之德，如水之平易，可亲可敬。

学院文化

——三仁至善

　　自 1915 年以来，金职院医学院已有百年发展历史。百年的发展征程，积淀了深厚的文化底蕴。进入 21 世纪后，医学院不断挖掘自身历史文化资源，基于"水"的"渗透性""包容性""滋润性""无私性"等特性，提炼了七个品质的"上善若水"医护精神，通过传承"上善若水"医学教育精神，深入挖掘中国传统儒家文化"仁"学思想，秉承医护行业"仁医大爱"职业操守，融入社会主义核心价值体系，逐步形成并提炼了以仁心、仁爱、仁术为核心，独具医护专业特色的三仁至善文化育人品牌。

　　自古以来无仁不成医，普天之下无医不守仁。"仁"是医学文化内涵的精髓，也是新时代医疗卫生职业精神的体现。近年来，医学院以立德树人为根本，传承百年医学教育；以"德术兼修"为医疗服务人才培养目标，遵循"入学—求学—入职"的成长轨迹，围绕"仁心、仁爱、仁术"互促的三"仁"文化理念，即"仁心"陶铸人格，"仁爱"践行医德，"仁术"精湛医术的文化育人体系，充分发挥文化育人的滋养心灵、涵育德行、引领风尚的作用，提升育人成效。通过对学生的"感悟—领悟—觉悟"三阶段培养，让"仁"文化进校园、进课堂、进社会，实现"党团思政、专业技能、文明习养、职业浸润、实践体验、顶岗实习"六课合一。如感悟阶段培养"仁心"，学善之美。通过医学仪式教育、职业礼仪教育、文化传承教育和党团思政育人活动教育，增强学生的职业归属感。领悟阶段培养"仁爱"，传善之美。依托专业案例教学课堂、专业社团活动课堂、四百工程校友讲堂等载体深化对"仁"的理解。将"三仁"文化融入课堂教学、校园活动、社会实践过程中，促进师生在人才培养过程中实现学有所思、思有所悟、悟而行之。觉悟阶段培养"仁术"，承善之美。

开展导师结对、"医路健行"志愿服务、顶岗实习，渗透仁爱思想教育，提高职业认同感，体验职业成就感。充分发挥文化育人的滋养心灵、涵育德行、引领风尚的功能，提升育人成效。

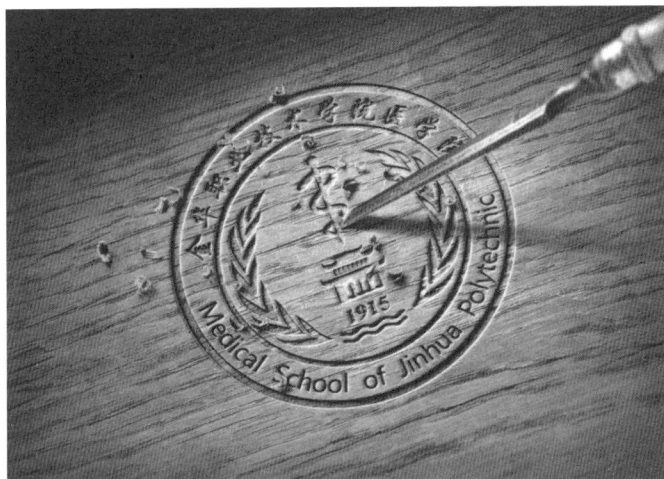

学院院风

——至善、至精

院风是学院的特色和风格，是全院师生精神面貌的集中反映。院风是由教师的教风和学生的学风组成的统一体，具有同化力、促进力和约束力，是一种精神力量和优良传统。优良的院风是师生成长成才的必要条件，是学院教育和管理的特殊成果。

"至善"出自《礼记·大学》："大学之道，在明明德，在亲民，在止于至善。"至善的含义是最崇高的善，一般指圣人治学之法、修学之道、成学之径，饱学之意！大学之所以为"大"，是因为它所成就的不仅仅是一般的"善"，而是要止于"至善"。物有本末，事有终始。"至善"强调不仅要知道善的价值与本义，更要致力于通过行动去追寻、实现道德修养的最高境界。这也是育人的最高目标。

"至精"出自《备急千金要方》第一卷："今以至精至微之事，求之于至粗至浅之思，岂不殆哉"，意指习医之人必须"博极医源，精勤不倦"。"至精"包含精深广博的专业知识、精益求精的求知态度和精勤不倦的育人精神，它也是医务和教研工作者的现实价值追求，是全院师生共同的奋斗目标。

学院教风

——为学、为师

教风是教师在道德、才学、作风、素养、治教等方面的集中表现，通过全体教师的意志与行动，逐步地形成和固化，成为一种传统和风格。良好的教风对学生起熏陶、激励和潜移默化的教育作用，对学校的发展和建设产生深远的影响，是学校培养学生、提高教书育人质量的一个重要因素，更是学院生存和持续发展的不竭动力之源。"为人要正、为学要实、为师要严"这既是学校教师既有之风范，亦为学校教师教书育人之法则。

"为学"出自《道德经》："为学日益，为道日损"，意指做学问要博学、要业精、要日新，要扎扎实实。"博学"意为广泛地学习，也指学问渊博。业精是博厚的继承和发展，在博的基础上求精。做学问，要日新，不日进则日退。"为学"是"致用"的基础，也是学生培养的根本。

"为师"出自《礼记·学记》："能博喻，然后能为师"，意指为人师表，要做学问品德方面的表率。学高为师，能者为师。"为师"要治学严谨、执教严明、要求严格。做到既教书又育人，做学生的良师益友；传道为先，授业为重，解惑为细。教书者必先学为人师，育人者必先行为人范，才能成为学生健康成长的引路人。

学院学风

——致知、致用

学风是学生的学习态度、精神面貌等的集中表现，是在长期的学习过程中形成的一种相对稳定的风气与氛围。学风能内化为一种向上的精神动力，使学生广泛地学习，虚心地求教，谨慎地思考，踏实地实践，着力提高自己的综合素质，助力成长。"致知、致用、致远"既是学校广大学子在学习过程中精神风貌的真实写照，也是学校学子的理想追求。

"致知"出自《礼记·大学》："致知在格物，物格而后知至。"穷究事物道理，致使知性通达至极。"知"是知性，包含智慧与知识。"格物致知"就是研究事物而获得知识、道理。"格物致知"包含并丰富了"实事求是"精神。"致知"要求学子严谨求学，获得知识，探求真理，臻于完善。

"致用"起源于明清之际著名思想家顾炎武、王夫之等人的学说。"经世致用"主张学习有益于国家的学术思潮。《辞源》中对"经世"的解释为治理世事；"致用"为尽其所用，学用结合，强调要理论联系实际，脚踏实地，注重实效。这充分体现了学校培养"踏实敬业、会学善用的应用型人才"的人才培养目标。

一切都是最好的安排，请写下你当初选择这个学校的理由。

了解学院历史与学院文化、院风、教风和学风后，你有什么想法？

三

学习榜样，赶超先进

以铜为镜，可以正衣冠；以古为镜，可以知兴替；以人为镜，可以明得失。榜样如同一个标杆、一盏明灯、一枚指南针，指引着正确的方向。我们要学习先进典型，学习他们的求实作风、奋斗精神和道德情操，要善于在一点一滴中完善自己，从小事小节上修炼自己，弘扬先进的精神，激发自身干事创业的热情，以实际行动学习先进、保持先进、赶超先进。

爱，让生命如此丰盈

　　每一份执着的追求，必蕴含着深沉的爱。陆月林，一位不肯"下岗"的老太太，一位在教育战线和护理工作上辛勤耕耘了80余年的老教师，一位视"病人利益高于一切"的老护士，用她平凡而炙热的人生向我们展示了这种爱。每一个熟知她故事的人，都能感受到她的生命与事业息息相通、紧紧相依，感受到她奉献的一生，感受到榜样的崇高力量，并深深为之动容。

一次急患、几次选择，"护理"成了她一生的关键词

　　陆月林出身书香门第，18岁时，一次突患的重伤寒将她置于生死边缘，是护士的及时发现和抢救带给她新生。感激之余，陆月林体会到一个人生病需要关心的时候，是护士最亲；一个人离开人世的时候，还是护士最近。那时，陆月林便毅然树立了自己未来的人生目标——当一名充满爱心的护士。

　　抱着对护理工作的美好信念，18岁的陆月林踏进了上海协和高级护士职业学校的大门。经过三年半的寒窗苦读，陆月林掌握了扎实的护理基础知识和熟练的操作技术，毕业后留校任教。1947年，她调任私立福音高级护士职业学校。自此，陆月林担任过学校的普通教师、教务处主任，做过校长，做过普通的护士，也担任过医院的护理部主任。不管在哪里，不论从事什么岗位，她都对护理事业深情不减，坚持献身护理事业的理想不变。如果有患者称陆月林为"陆医师"，她总会微笑着更正："我是护士，不是医生。"如果给她照相，她必定戴上护士帽，穿上白大褂，留下护士最纯洁、神圣的形象。

　　若要问她何以这般执着？她会轻描淡写用"口渴饮水"作喻，来表达自己离不开护理事业的自然深情。"文革"后，医务人员奇缺，身边很多护士改行做了医生，陆月林仍坚守在"侍候人"的护理队伍里默默劳作。护校原校长王禄昌对陆月林的印象是：没日没夜地，除了工作还是工作。寒假，老师们休假

在家，可她不是在学校，就是在医院。大年初一，她早早就跑去医院给实习生们拜年了。她这样忘我地工作并不求什么报酬，就连每月40元的班主任津贴，也用作班里的奖励基金。

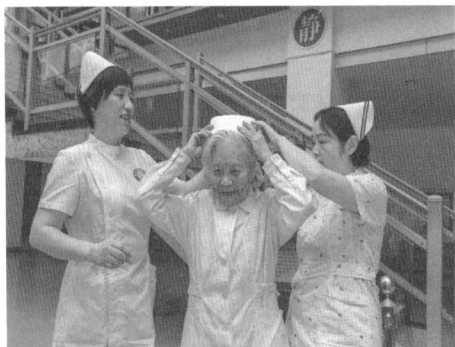

"能在有生之年，为学校的建设，为护理事业多做一点事，我就心满意足了。"陆月林这样说，也是这样做的。

甘为学生的"试验田"，甘做人才成长的助推器

陆月林是一位护理事业的践行者，更是一位护理事业的传承者。陆月林始终把培养人才视为义不容辞的使命，善于站在全局的高度，在提高学生的整体素质上下苦功夫。

"身教重于言传"是陆月林始终践行的教学理念。实习阶段，练习头皮针是一项重要的教学项目，而要找一个让学生试验的对象却是件头疼的事。有一天，陆月林来到病房，兴致勃勃地告诉学生，"今天我给你们找来了一个很好的病人。"上班时间到了，学生们问病人怎么还没来呢。"我就是病人啊。"陆月林爽朗地说。学生愣了，没人敢动手。是啊！他们怎么忍心在七十多岁高龄的老师腿上练针法呢？"你们不扎就是对不住我，快扎！"学生拿着针头，一针，没有进去，再扎，还是没进去。"今天你们每个人都要扎进去才能结束。"陆老师的要求，不容违抗。同学们轮流扎着，陆老师腿上青一块、紫一块的，疙瘩也在一个个地增加。学生噙着泪，陆老师始终微笑着……

作为金华护理界的元老，陆月林的所想所为不仅限于班级、学校。为了提

高在职护理班队伍的整体素质，她积极倡导，办起了护士长培训班，并亲自挂帅主讲；她创办了带教老师培训班，并坚持深入临床一线，悉心指导年轻的带教老师。她在力所能及的范围内，为提高护理人员的职称、待遇，做了大量的铺垫工作。在陆月林心里，年轻人的成长就是自己生命的延续。

病人似亲人，她成了金华人心中的"提灯女神"

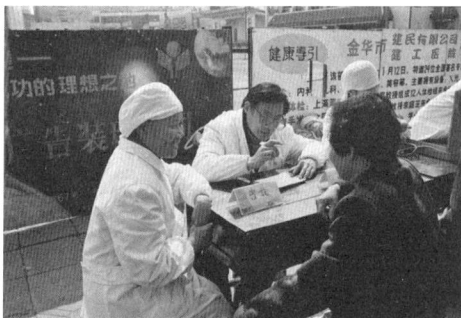

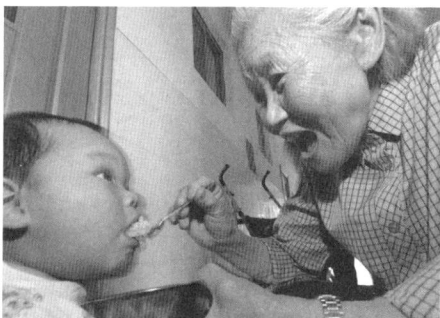

"病人的利益高于一切"是陆月林的一个重要原则。作为金华第一福利院的顾问，福利院也是陆月林和学生们常去的地方。双休日，她带领学生去福利院给老人、孩子做生活护理。有位90多岁的老人，因为裹过小脚，长期不愿洗脚，经过陆月林和学生的多次劝说，她才肯洗脚。学生们用热水为她一连洗了三次，然后把她的小脚抱在怀里细心地修剪了足茧和指甲，老人感动得眼泪纵横。有个孩子因为经常遗尿，陆老师每天送去一个鸡蛋，为他针灸治疗，半个多月，孩子不再尿床了。每次看到陆月林来福利院，老人们就开心地叫着："陆老师来了！"孩子们也会"金华奶奶"地叫着她。

30多年来，福利院不知留下陆月林多少足迹。最可贵的是，每年的大年三十，她都要到福利院检查迎春准备工作，只有等各项工作安排就绪，她才放心回去与家人团圆。年初一、初二，她必定在福利院度过，她与一直关爱着的老人和孩子们度过了一个又一个春节。

护理学的开创者南丁格尔被称为"提灯女神"，源于她在战乱年代，不畏辛劳、在夜晚手提明灯照看病人的形象。陆月林就是这样一位可敬可爱的人，用她的技术和爱心，照亮了一个又一个患者。金华知名的词曲作家鲁客、孔迪专门为陆月林谱写了歌曲《老师护士奶奶》，广为传颂，她成了金华人自己的"南丁格尔"。

因为爱，"老牛明知夕阳短，不用扬鞭自奋蹄"

为了让更多的偏瘫患者再次站起来，陆月林组织了一个社区康复志愿服务组，利用空余时间为社区偏瘫病人开展义诊服务。几年中，服务组先后为60多名偏瘫患者实施康复治疗和训练，绝大多数患者的病情有了明显好转，40%的病人能够重新站起来。陆月林还根据自己的实践，与人合编了一本《中风病人手册》，印刷2000多册，送给患者及家属。

活到老，奉献到老。为了她牵挂的这些病人，为了她的"退而不休"的工作，陆月林放弃了一次次外出旅游的机会，她从不离开金华，也不能离开金华。

活到老，学到老。虽已耄耋之年，陆月林的思想却一点也不落伍，她对护理科学动态的了解绝不逊于年轻人。平时，哪位护士或老师参加学术会议带回了材料，她总要借来"学习学习"；有人开会回来报告学术动态，她总要求学生和她一起去听。医院里护士们所撰写的论文，经她修改、指导后，采用率高达 61%。

别人看到陆月林银白的发、硬朗的身板，总要问她长寿的秘诀。陆月林总是笑答："我是一个闲不住的人，什么事情都喜欢自己动手，要说秘诀的话，就是帮助别人，乐于工作，在将爱心奉献给病人的同时，也给自己带来开心和幸福。"她是一个真正懂得生活的长者，懂得爱、懂得人生的尊者。

陆正豪："男"丁格尔，"须眉不让巾帼"

（浙江省第一届"闪亮的日子——青春该有的模样"
大学生就业创业典型人物）

陆正豪是浙江省优秀毕业生，金职院精英讲师团成员。他在校期间曾获浙江省护理技能大赛个人一等奖、全国护理技能大赛团体三等奖，多次获校"优秀学生一等奖学金""三好学生""优秀学生干部"等荣誉。

入职后，他参与禽流感、厂房倒塌事故、手足口病暴发等重大抢救，专业技能突出。他参加金华市急救技能比赛获"单人心肺复苏+AED技术"一等奖、"团队协作抢救案例"一等奖、个人总分和团体总分第一。同时，他致力于健康卫生宣教等志愿者工作，曾获得省健康宣教比赛三等奖。他个人主持的公益健康宣教电台粉丝近三千人，有64.7万次收听，社会反响良好。

从南丁格尔创立现代护理事业开始，护士就在世人的脑海中的形象就是柔美的女性。随着时代的变迁，临床护理领域的万"花"丛中渐渐出现越来越多的坚毅的身影。他们用一双有力的大手，细心呵护着娇嫩脆弱的生命。他们，就是男护士。以"护士"为职业目标，参加浙江省第六届职业生涯规划与创业大赛并获一等奖，目前就职于金华市中心医院急诊抢救室的陆正豪，正是他们中的一员。

厚积薄发的医护生

陆正豪选择护理专业是受到了妈妈的影响。迈入金华职业技术学院后，在专业学习的日积月累中，他对护士这个职业的了解越来越清晰。他对于护士职业的热爱和坚持，源于职业生涯规划比赛备赛过程中的浸润和积淀。

2014 年初，还是大一新人的陆正豪为了参加学校职业生涯规划比赛，在老师的带领下，每个周末到养老护理院帮忙。就是这样一个稀松平常的周末早晨发生了一件不寻常的事，一位大爷在睡梦中安详地离开了。作为见习护士的陆正豪给老人做了最后的清理。老人被接走后，他的家人特地到护士站对护士们真诚道了一声"谢谢"。陆正豪说，那一刻，他找到了人生的归属感。很多年后回想起来，他仍然很感激这段经历。因为在那里，他不仅学习到了一名护士的职责和担当，也更早感受到了护士的工作意义。

正是这样的经历，让陆正豪立志成为一名有爱心有担当的优秀护士。

一名医护生，需要有扎实的理论基本功和丰富的实践操作能力。于是陆正豪全身心投入了学习和备赛中。他多次获得校优秀学生一、二等奖学金，被评为"三好学生"，也取得了浙江省护理技能大赛一等奖、全国护理技能大赛团体三等奖、校"十佳大学生"等成绩。陆正豪成为同学和老师眼中的"全能精英"。2016 年，陆正豪以"浙江省优秀毕业生"的身份顺利毕业，此刻的他已经为从事护理事业做好了充分的准备。

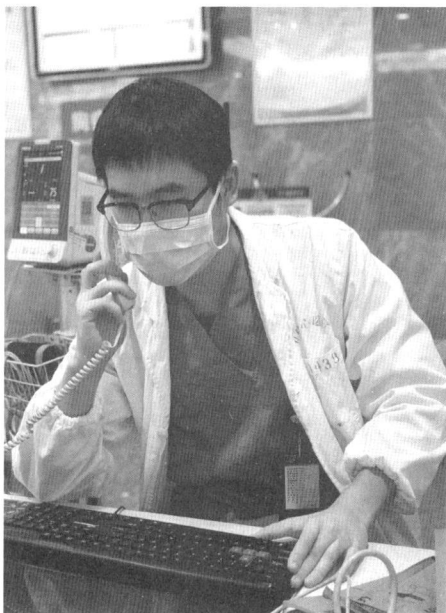

不言放弃的急诊人

毕业后，陆正豪以第9名的成绩从300名应试者中脱颖而出，考入金华市中心医院，并主动请缨到了最辛苦、最有挑战性的急诊抢救室。

急诊抢救室护士，是一个需要与死神赛跑的职业。这样的比赛，陆正豪几乎每天都在经历。有一天晚上，急诊科接到了求助电话，内分泌科的一名病人生命垂危请求抢救。作为值班护士的陆正豪第一时间赶到了病人身边，此时的病人已经失去了生命体征。但陆正豪依然循着职业精神和职业道德为病人实施了抢救，给予病人熟练规范的心肺复苏、力道正好的心脏除颤。他的汗水伴随着时间的流逝，沁满额头。"咚""咚""咚"……在一声声规则有力的除颤仪声响中，终于，食物从病人的嘴巴里呕吐出来。被呕吐物溅脏的陆正豪，立刻给病人做了吸引。几个循环以后，病人恢复了生命体征，被送入了重症监护室。陆正豪说，这世上，再没有什么成就感能与亲手挽回一条生命相比了。把死神的手指一根一根掰开，把逝去的灵魂从死神手中夺回来，于我们而言不平凡的场景，却是陆正豪日常工作的写照。

入职不到两年，他参加的抢救工作已数不清了。2018年1月19日，金华市某村发生厂房倒塌事故，造成多人伤亡。金华市中心医院领导第一时间启动应急预案，要求"调动最强的力量，给予最好的照顾"。正在轮休的陆正豪放弃了休息赶回岗位，和急诊科同事一起，以最快速度、最高标准完成了伤员进驻前的各项准备。4名伤员终于到了，那一刻，汗水、血水、断肢、残躯、血腥味、药水味迅速充斥到抢救室每个空间，到处是伤员的哀嚎。医护人员忙碌身影，包扎、止血、手术、深静脉置管……禽流感暴发、流感肆虐、手足口病横行……每一个特殊时期，在金华市中心医院的急诊抢救室里总能看到陆正豪忙碌的身影。冲锋在前，不怕苦，不怕累，他是同事眼中的好搭档、好战友。

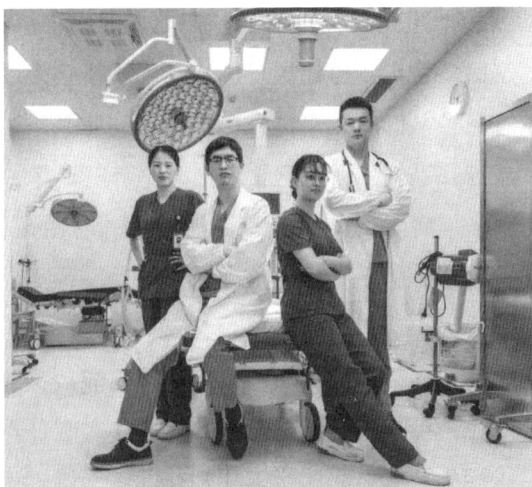

急诊抢救室的高强度工作和丰富的经验夯实了陆正豪的护理抢救技术。在前不久刚结束的金华市护理学会主办的"强质量，重内涵——急救技能"比赛中，陆正豪获得了"单人心肺复苏+AED技术"一等奖、个人总分第一的好成绩。作为主力队员，他和他的同事们配合默契，获得了"团队协作抢救案例"一等奖、团体总分第一。

健康卫生的宣教者

尽管入职时间短，但陆正豪已在金华卫生系统小有名气。不仅是因为岗位技术过硬，也因为他在健康卫生宣传教育工作的投入。这是一个阳光帅气、能说会道的小护士。

职业生涯规划大赛给了陆正豪充分的锻炼机会。一遍遍的文本修改提高了他的语言编辑能力，一次次的情景模拟排练和职业演讲提高了他的舞台展示和语言表达能力，在偌大的报告厅里面对众多陌生面孔的演讲让他更加胆大心细。职业规划大赛以后，陆正豪多次参加了学校的各类演讲比赛，获"我的中国梦——奋斗的青春最美丽"演讲比赛一等奖、"传承经典文化，弘扬传统美德"诗朗诵比赛一等奖、主持人大赛一等奖等，并成功入选学校精英讲师团。

和很多同龄人相比，90后的陆正豪对理想更为执着和坚定。毕业后的陆正豪充分发挥自己的公众演讲特长，积极致力于金华地区的健康卫生宣教工作。

作为一名医护工作者，他想充分利用所长，把更多健康知识传播给普通大众，让越来越多的人了解医学常识，也让更多的人了解护士这个职业。参加医院的志愿者活动以及"志愿号"健康动车进社区活动对陆正豪来说是常态。他获得了金华市健康宣教比赛二等奖、浙江省健康宣教比赛三等奖、2018年"爱岗敬业，深化优质护理服务"演讲比赛一等奖等，得到了同行的认可和钦佩。

有时治愈，常常帮助，总是安慰。护士总是有着一颗柔软的心，作为一名男护士的陆正豪也不例外。一次偶然的机会，陆正豪发现自己护理的一名患者每晚都要在安眠药的帮助下才能入睡。多次沟通交流后，陆正豪决定为这名患者开设一个专属电台，每晚为她朗读心灵鸡汤伴她入眠。在医生的治疗和陆正豪的细心护理下，这位病人最终摆脱了安眠药的束缚，工作和生活回到了正常。但小电台的声音却并未因此停止。陆正豪将自己身边发生的急诊科故事通过这个神奇的网络平台传到了大江南北。小电台目前有2751个粉丝，64.7万次收听。很多初入职场的年轻护士，通过陆正豪的分享，找到了职业归属感和价值感。电台生生不息，越来越多的人了解到急诊科这个特殊的地方。

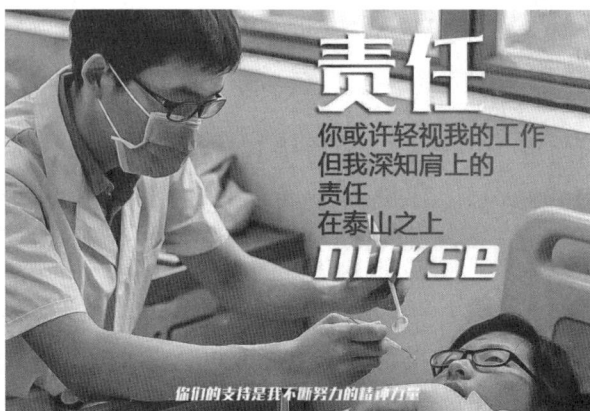

因为情有独钟，所以执着追求。当一名南丁格尔式的好护士是陆正豪一生的梦想。他全身心地投入梦想，坚守着初心。他说，他愿意用一生为患者照亮生命旅途，用火一样的热情托起患者的生命之舟，用执着的心发扬南丁格尔的精神。

王蔚：绽放在基层一线的"格桑梅朵"

（全国第二届"闪亮的日子——青春该有的模样"
大学生基层就业典型人物）

风越狂，枝干越是坚挺；雨越大，枝叶越是翠绿；太阳越暴晒，花朵越是开得灿烂。2017年的盛夏，伴随着时代的强音，王蔚背上厚重的行囊走出象牙塔，踏入了祖国西部高原。这或许不像一场说走就走的旅行那样有诗情画意，转眼岁月不知不觉流逝，作为一名医务工作者，王蔚想要把健康带给更多的人，用知识、行动坚守初心，砥砺前行。

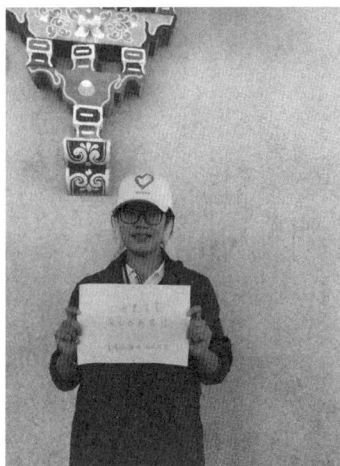

小肩膀扛起大希望

"健康所系，生命所托……"2014年的夏天，在庄严的医学生誓词中，王蔚走进了神圣的医学殿堂。大医精诚，是医护工作的基本要求，即精湛的医术和高尚的医德。王蔚的三年大学，都在朝着这个目标不断打磨自己。

医学生，是艰苦求学的代名词。悬壶济世的重担，救死扶伤的重任，是这份职业的重量。王蔚不惧困难，苦研医学知识，奔波于图书馆和教学楼，也在医学标本馆和"大体老师"们"亲密交流"。一分耕耘一分收获，求医之路上，王蔚多次获得校优秀学生奖学金、校三好学生、校优秀学生干部、省政府奖学金、省优秀毕业生等各类荣誉。

学习之余，王蔚积极加入了医学院青年志愿者大队，在一次次的志愿活动中她付出了很多，但同时也得到了不少的锻炼。记忆中，每年暑期三下乡，她都第一个报名，带领其他青年志愿者大队成员前往偏远山区开展为期半个月的医疗服务。记得有一位阿婆因为儿子常年在外打拼，成了留守老人，而疾病使她行动不便。王蔚了解到情况后，主动上门为她提供医疗检查、推拿等服务。一次、两次……之后每周六去阿婆家成了王蔚的"周末必修课"。细微的泪珠嵌在细纹里，眼眸中闪烁着真诚与喜爱，每次离开，阿婆都会拉拉王蔚的手。那一刻，除了被需要的幸福感，王蔚感悟最多的，还是作为学生，自己的医疗技术水平仍很有限，必须不断学习更多的医疗救护知识，不断提升专业技能和实践能力，才能为更多的病患带去希望。

身兼班长、学院青年志愿者大队主席、院团委副书记的王蔚，通过在学生会、青年志愿者大队的锻炼实践，坚定了投身医学事业的信念。她坚信无奋斗，不青春。大学毕业后，王蔚收到了多家医院的就业邀请，但她毅然选择了海拔3000米以上的西藏林芝，选择了在资源紧缺的西部实现自己服务基层的志愿初心。

小医生送去大健康

初到西藏林芝时，王蔚出现了水土不服、气候不适应、饮食不习惯等诸多问题，还未来得及缓解，她就投身到医疗卫生援助的工作岗位上。当地环境恶劣，各种疾病频发，医疗水平又低、人民防治意识薄弱等都使医疗卫生工作难上加难。面对这些，王蔚积极跟随林芝市疾控中心，前往全市七个区（县、市）进行健康宣教和疾病筛查，强烈的高原反应和浮肿，也未能让她停下脚步。同时，王蔚还发现，虽然国家对西藏的援助一直不断，各种医疗器材也在不断补充，但是这里的操作人员理论水平却跟不上，导致很多仪器无法使用、项目无法开展。所以在休息日她会翻阅一

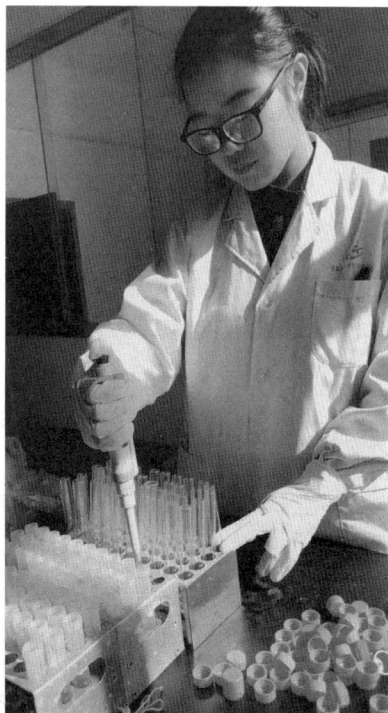

些闲置仪器的说明书，遇到英文就自己翻译，尽力去把这些设备用起来。经过她和科室成员的努力，林芝市疾控中心理化岗从一开始的 15 个检测项目发展到了 23 个，更多的医疗卫生问题得到了有效解决。

"市里发生一起食物中毒，马上收拾好所有便携式检测工具，准备出发！"某天凌晨两点王蔚接到了疾控中心主任电话，原本睡意蒙眬的她立马清醒，收拾好工具赶到人民医院。当时患者已经陷入昏迷，病情非常危急，而医院和疾控中心人员还无法确认是什么原因导致食物中毒。为了能让医生尽快对症下药，不让患者病情恶化，王蔚驱车三小时到患者家——工布江达县，将患者所进食物取样带回检测，最终成功检测出致病菌种，手术得以顺利进行，生命得以挽救。诸如此类般惊心动魄的救治过程，王蔚不知道经历了多少回，而在救治过程中，她排除万难一心救人的初心从未改变。

很快，一年的西部计划服务期满，但王蔚并没有结束服务回浙江，她选择继续留下。在援藏服务的第二年，她在医疗救护服务工作之余，还承担了林芝市中级人民法院法律援助工作，只要单位有对外宣传法制教育的活动，她都参加。虽然她不是法律专业毕业，但她花费了大量业余休息时间学习法律专业知识，活跃在服务基层百姓的一线窗口，热情接待每一位求助者。立案庭、监察室、考评办、院办公室……法院的每个庭室都有她的身影。从立案人员到后勤保障人员，从医疗救护工作者到法律援助者，她喜欢奋斗在基层第一线，享受着为大伙儿带去健康和平安的幸福。

小爱心筑起大围墙

2018 年 11 月 18 日早上 6 点，是王蔚不会忘记的时间，林芝发生了 6.9 级大地震。房子在摇，床在晃，尖叫声处处响起，这是王蔚第一次亲身经历地震，随着余震一次次地来临，王蔚的心中越来越忐忑，越来越害怕。身为一名医务人员，她想到了广大人民群众一定也处在惊慌之中。于是她立刻调整情绪，主动赶往灾后安置点投入服务工作。志愿者是个温暖的大家庭，王蔚和志愿者同事们相互勉励，相互支持，给林芝受灾群众带去了温暖和帮助，也感染了越来越多的人参与震后救灾。2019 年 4 月 24 日凌晨四点，林芝又一次发生了 6.3 级地震，有了经验的王蔚在第一时间敲响了邻居们的大门，指导大家做好应急避灾，并再次赶往受灾服务点投入后勤保障工作。

在浙江出生的王蔚，是温室里的一朵小花，在父母的细心呵护下无忧无虑地成长。在西藏林芝历练的王蔚，经历着思乡之痛，但她从未退缩，克服重重困难积极投身基层服务。福利院孤寡老人的身边、高原地区田径赛场上、国际合作论坛中都有王蔚的志愿服务身影……王蔚开玩笑道，在西藏工作还有和国家领导会晤的机会呢——2018年7月，李克强总理前往林芝调研，她参与保障工作；2018年9月，国资委郝鹏书记到林芝鲁朗了解对口援藏、脱贫攻坚的情况，她负责接待服务；她还参加了其他外国宾客、自治区级、市级领导的接待保障工作十余次。

2018年12月，在协助法院纪检监察组前往墨脱调查时，由于道路中断，王蔚等人被困四天……在天真烂漫的年纪为什么要选择历练打磨，王蔚坦言道：志愿服务是她的事业，而非只是个工作，中国西部需要她这样的志愿者，她便义无反顾地来了。

小志向提供大保障

两年的西藏锻炼，不仅扎实提升了王蔚的专业技能，更磨炼了她的坚强意志和为民服务的决心。回到浙江后，她边工作边学习，不仅完成了温州医科大学医学检验的本科学习，还顺利考上了杭州市建德乾潭镇人民政府公务员，开启了她驻守基层一线的第二个"梦想"。

疫情汹汹来袭，基层战线成了疫情防控工作的重中之重。王蔚主要负责乾潭镇24个村、6万余人的物资储备与保障，各类政策发布与宣传、舆情监控、入户调查采样……她深知事情虽小，但任务重、责任大，在特殊情况下保障百姓的生活、健康是根本。因此，随叫随到、哪里需要奔赴哪里、24小时轮轴转，这已经是她——一个95后姑娘的工作常态。

"你好，师傅，请出示一下健康码、行程码。"身着"大白"装备的王蔚已经坚守在乾潭高速卡口数日。受上海疫情的影响，浙江省内各个高速路口都面临着极为重要的"外防输入"工作。仅乾潭高速口就承担了超三分之二的上海来建车辆进出，疫情防控压力倍增。全镇动员党员干部加班到卡口执勤，王蔚二话没说就报了名："我单身，没负担，我去。我还可以参加采样和检测工作，这些我都会。""高速查控口是全市人民的第一道防线，我一定会全力守好这扇'大门'，确保'不漏一车、不漏一人'。"

时光似水，涤淡青春色；奉献如歌，唱响报国音。在"奉献、互助、团结、拼搏"旗帜的激励下，王蔚不断前行、不断挑战。在海拔 3000 多米的西藏高原，她已然长成了那朵美丽纯洁的格桑梅朵花。高原的阳光，雪域的风寒，让她愈加艳丽。她说，她在高原上实现了自己的价值，实现了自己对社会的承诺，在那里她的青春之花迎风绽放。她穿着防护服日夜坚守在通行卡口、奔波在各家各户，也将自己深深扎进了基层服务的土壤中。她说，只要自己的所学能成为基层群众的"医"靠，青春就无悔。

张加帅："忍冬"守初心 "春润"创品牌

（浙江省第三届"闪亮的日子——青春该有的模样"
大学生创业典型人物）

习近平总书记在河南省南阳市考察时指出，过去，中华民族几千年都是靠中医药治病救人。特别是经过抗击新冠疫情、非典等重大传染病之后，我们对中医药的作用有了更深的认识。我们要发展中医药，注重用现代科学解读中医药学原理，走中西医结合的道路。

1994年出生的山东小伙张加帅，正用自己的实际行动履行着振兴中医药的青年使命。他是金华职业技术学院医学院2016届毕业生，谁也没想到迈出校园还未满5年的他，已经将自己独立创办的平邑县春润中药材有限公司办得风生水起。公司主营以金银花为代表的50余种道地中药材，形成了"三产融合、渠道扩容"的核心优势，截至目前拥有专利4项、"自营+联合"种植基地2400余亩、衍生类产品30余种，与以岭药业、加多宝、胡庆余堂等数十家国内知名企业建立长期战略合作关系，总营业额累计超2亿元。

王夫之所说的"金虎胎含素，黄银瑞出云"概括了新一代创业青年榜样——张加帅的创业历程。他以"金虎黄银"的姿态，向我们诠释了90后的敢闯敢拼的精神、90后的社会责任与担当！

一心南渡求学，朝于斯夕于斯，收获累累硕果

出身中药材世家的张加帅，从小便受中药材耳濡目染，而金银花是他情有独钟的一味中药材。"我7岁就跟着父母一起上山采金银花，小时候只觉得金银花好看，长大后才知道我们平邑是中国金银花之乡。"他回忆道。从那个时候，他就暗下决心等到读大学了，一定要选择中药学专业，好好钻研中药材知识，把金银花产业发扬光大！

2013年，张加帅迎来了人生的第一个转折点——高考。他一心一意想要考入金职院医学院的中药学专业学习，但由于学校的中药学专业没有设置省外招生名额，为了能进入梦想中的学府与专业，他只得先选择药学专业。

19岁的张加帅只身一人经过一天一夜的颠簸，穿越近千公里从家乡山东省平邑县来到浙江省金华市求学。尽管在药学专业学习，但他攻读中药学专业的决心与初心未改。第一个学期他十分忙碌，除了要上药学专业的课外，为了能够顺利转到中药学专业并且不落后于其他同学，他时常到中药班旁听专业课程，请教老师和同学，并利用课余时间完成中药学专业的作业。通过一学期努力，张加帅如愿转到了中药学专业。

"这个山东小伙子在同班同学里面表现十分突出，尤其是对中药的认识，特别有创新思维和创业想法，读书也十分刻苦。"中药学专业主任张慧芳老师至今都对张加帅记忆犹新。除了专业知识成绩十分优异外，在校期间的张加帅还担任了副班长、学院纪检部副部长以及杏林中药协会副会长等职务，曾多次被评选为院校两级的"优秀学生干部"。

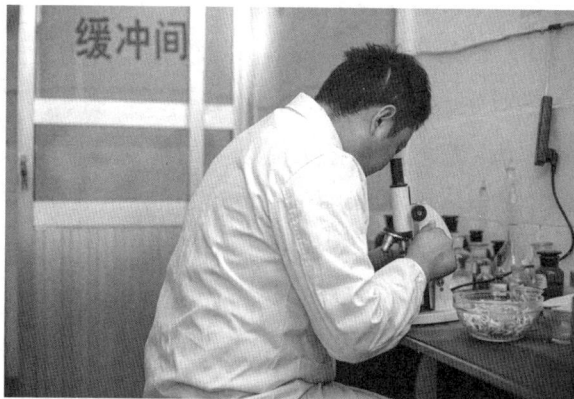

在学校的短短三年时间里，小小的创业梦想逐渐在中药专业知识扎实的张加帅心里萌芽——打造自己的中药材王国，向国内外市场提供以金银花为代表的高品质地道中药材。

一意北归创业，践行拼搏实干，打造"春润"品牌

2016 年 10 月，毕业刚满 4 个月的张加帅创办了平邑县春润中药材有限公司。他运用在学校里学到的专业知识，结合互联网技术与先进的管理经营理念，踏上了创业之旅。在做出这一决定之前，他不但婉拒了知名药企抛来的橄榄枝，而且拒绝了到父亲公司任职的邀请，毅然决然地将双脚迈向了自己的家乡平邑县，用稚嫩的双手干起了自己的中药材事业。

时有所需，必有作为。张加帅创业并不只是单纯的一腔热血，他的踏实肯干与眼光独到让他有足够底气。市场嗅觉敏锐的他看到，近年来金银花市场的发展势头越来越强劲，素有中药材中"青霉素"之称的金银花有着每年 48 亿的市场需求，再加上中央、地方政府推出的各类支持中药材种植与发展的政策和平邑县"中国金银花之乡"的名头坚定了他要将金银花作为事业来开创的决心。

虽然适逢绝佳发展的市场机遇，但张加帅并没有被这份喜悦冲昏头脑。他更加清晰地看到了父辈因"品种落后、种植与营销方式传统、产业链不全"等问题导致企业发展迟缓，甚至出现倒退的趋势。父亲鬓角的白发和粗糙的双手时刻提醒着张加帅"因循守旧只能走向灭亡"，他开始了大刀阔斧的改革。

奋斗不只是响亮的口号，而要落实在每一件小事、每一项任务中。依靠在金华职业技术学院掌握的扎实专业知识，张加帅从金银花有效成分含量、亩产量、采摘成本等方面对目前市场上热度较高的四季花、北花一号、大毛花等品种进行了详细比对。最终他确定在基地种植药用北花一号与收购食用四季花的经营方针，让公司"通吃"药、食两大行业。

纯人工的种植与采摘方式是传统金银花企业的第二个壁垒。如何让公司实现现代化、智能化的转型？张加帅不断探索，通过实地走访多家科技公司、器材厂商，咨询杨晓东教授等多位业内专家，他决定在采摘、加工两个环节中分别引入金银花采摘机、紫外烘干机。当时在其他经营金银花的企业家眼里，张加帅的这个决定简直无法理解。恰恰是这一举措，使公司金银花品质得到极大提升，同时生产成本降低了近二分之一，实现了"提质+增收"双赢效应。

　　此外，"二产不强，三产不活"的是金银花企业始终无法迸发活力的致命原因。头脑灵活、善于经营的张加帅在 2018 年 5 月和 7 月分别控股和入股山东正裕中药材有限公司和山东亲情人家有限公司，再加上小程序和官网等线上渠道的推广，让平邑县春润中药材有限公司在 2018、2019 年分别实现营业额 60.34% 与 115.65% 的增长。

　　张加帅深知与大企业取得合作是扩大市场份额的敲门砖。他多措并举使得公司拥有品质过硬的金银花、业界绝佳的口碑和创新的经营模式。这让他在 2017 年便与胡庆余堂等 5 家企业达成原药材供货合作协议，2019 年成为加多宝专属供应商。此外，在疫情肆虐的 2020 年又与以岭药业集团达成战略合作。

时代青年担当，带动脱贫致富，服务地方经济

　　2020 年正值我国脱贫攻坚决战决胜之年。一个人富了不算富，要带动乡邻们走上致富路。张加帅将浙江、山东、广州三地的资源进行整合，通过向农户提供技术咨询与优质种苗，为当地 180 多户农户提供就业机会。不论严寒酷暑，张加帅都会和村民一起栽植金银花，管护金银花。在他的努力下，累计带动当地就业创业 2625 人，让 180 余户农户实现了 540 万增收，获得政府、社会的一致好评。2017 年 1 月至 2019 年 12 月，公司年均营业额在 4000 万元左右，累计营业额达到了 1.09 亿。

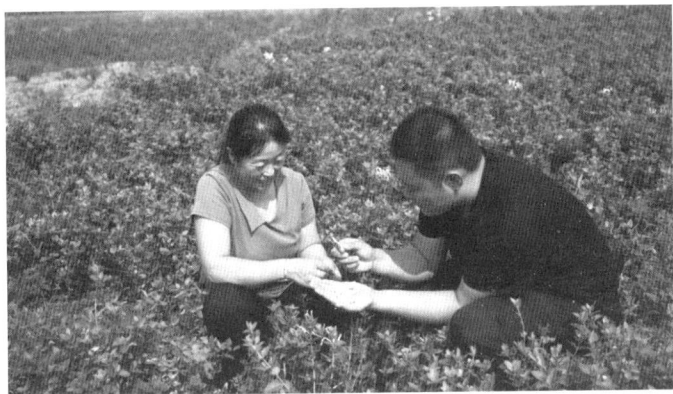

"自信人生二百年，会当水击三千里。"一路创业实践再次证明，青年既要有追梦的激情和理想，也要有圆梦的实干和担当。在他的努力下，虽然公司成立不久，却已成为流峪镇名气不小的、经营额排名前五的金银花企业，更成了能让当地老百姓竖起大拇指的"纳税明星企业"。

牢记初心使命，勇闯创业大赛，斩获首个金奖

平邑县春润中药材有限公司在张加帅的带领下从创立至今收获众多奖项，自 2017 年开始，连续三年被评为"纳税明星企业"；2020 年 4 月张加帅被共青团临沂市委评为 2019 年度临沂市"沂蒙乡村好青年"；2020 年 7 月，张加帅被浙江省教育发展中心评为大学生创业典型人物等。

作为优秀创业校友的张加帅不仅时刻关注着学校的发展，而且主动参与并支持母校各项活动。2020年1月，当学院相关老师联系到张加帅邀请其参加第六届中国国际"互联网+"大学生创新创业大赛时，张加帅二话没说便答应了，并表示能代表学校出战甚是荣幸。然而，2020年的新冠疫情加重了他备赛的困难程度。即便如此，张加帅仍在繁忙工作之余破除万难参与项目研讨，先后数次赶赴金华与指导老师进行会晤。每天21:00—23:00成为他下班后的固定"项目加餐"时间，整整11个月，共计100余次的线上研讨。漫长备赛背后有数不尽的努力付出，终于，他拿下浙江省创业赛道省赛金奖，进击国赛。2020年8月，以张加帅为负责人的"春润药材——中国百强药企最值得信赖的金银花供应商"项目获得"建行杯"第六届浙江省国际"互联网+"大学生创新创业大赛暨第六届中国国际"互联网+"大学生创新创业大赛金奖，也是浙江省职教赛道首个获得国赛金奖的项目。

毕业后的张加帅受聘为学院创新创业兼职导师和中药专业野外实训兼职带队教师。每年他都会回母校开展双创讲座、项目指导、采药实训指导。在学弟学妹眼中，张加帅是"全能男神"，除了擅长企业经营外，更拥有着扎实的中药学理论基础和全情投入的竞技精神，这些都深深打动和感染着在校同学。项目团队中的在校生张雨潇说："经过了这一年的比赛，我感悟了很多，我也要像加帅学长一样，在校期间认真学习专业知识，毕业以后依靠专业知识成就精彩人生。"张加帅等一批优秀校友的事迹口口相传，引领着新一代的金华职业技术学院学子。

从传统种植业模式到现代互联网品牌经营模式的转变，如今张加帅正在面对的，是一场自我的颠覆与挑战。"让'春润=好金银花'成为中国人都知道的事是我之后想要做的事"，他斩钉截铁地说道。几年时间，他用忍冬般的精神，点缀了平邑，给这片大地带去了春日的生机与希望。让我们共同期待这个90后男孩谱写"金银时代"的新篇章。

羊丽君：矢志爱国初心梦，戎装白衣巾帼身

（全国第四届"奋斗青春最美丽"
大学生军营战士典型人物）

剪去秀发、告别昔日红装，一身戎装参军入伍守家国，她是新时代的"铿锵玫瑰"；褪去戎装、戴上燕尾帽，一袭白衣守护生命安全，她是柔情且坚韧的"白衣天使"。羊丽君，女，汉族，浙江磐安人，中共党员。2015年9月参军入伍，2020年10月退伍复学，现就读于金华职业技术学院医学院护理专业，获校一等奖学金等荣誉，任医学院学生会主席团成员。

一次军营的无悔选择，最美新兵筑梦志坚

古有"天下兴亡，匹夫有责"的呐喊，也有"捐躯赴国难，视死忽如归"的牺牲，更有"只解沙场为国死，何须马革裹尸还"的决绝。羊丽君出生在浙西革命根据地磐安，从小在太公卢湛的英雄故事熏陶下长大，对军营有着无限的向往。

2015 年，羊丽君终于得偿所愿，成了一名年仅 18 岁的武警战士。当兵之初的三个月内，她就品尝到了英雄故事里所没有的挫败感：第一次跑三公里，全队倒数；第一次爬战术，灰头土脸；第一次徒步行军，脚上布满血泡……数不清多少个这样的第一次，对一个刚入军营、年纪最小的女兵来说，显得过于沉重。但每次想要放弃时，太公坚韧的笑脸便会出现在她的脑海里，像是在鼓励着自己。她曾在日记中这样写道："其实很多事情都是没有那么难的，你一定要去做啊！每个人都有第一次，努力去做就好，做不好你也要努力，一定要加油，要对得起自己！"

那一年，流下的汗水也终于有了收获。羊丽君以端正的政治思想、过硬的体能素质，被选拔为新兵尖子中仅有两个名额的"最美新兵"。在听到自己名字的那一刻，她真正理解了什么叫坚持，什么叫军魂。这经过磨砺而蜕变的过程，才是最珍贵的财富。2016 年，羊丽君又收获了"优秀士兵"的荣誉，所在班级也获得了支队"集体三等功"。

一段军旅的无限挑战，铿锵玫瑰筑梦迷彩青春

四百米障碍矮墙，她一个撑手飞跃而过，尽显身轻如燕；高耸直立攀岩墙，她目光坚毅、脚下有力，宛如吸墙壁虎。五年的军旅生涯，对羊丽君来说就是 1816 天日复一日的训练和站哨。两年义务兵服役结束后，羊丽君并没有像其他人一样离开部队，她选择了参加三个月的集训来争取留队名额。每天 5 公里的长跑锻炼、队列训练的定点练习、战术训练的摸爬滚打，一天下来腰酸背疼甚至受伤都是常事，胳膊大腿总是青紫一片。由于训练量太大，很多年轻的士兵因伤病被淘汰。但作为队伍里年龄最小的一名女兵，羊丽君仍然咬牙坚持了下来。最终她在几百号人中脱颖而出，斩获引体向上的单项最好，以综合前三的成绩顺利留队当选士官。随后，因工作表现出众，羊丽君被调到保密单位工作，同时被评为"优秀士官"。

从不服众到服众，她不断提升管理能力。在这里，羊丽君一路过五关斩六将，从普通士官到副班长，再到年纪最小、兵龄最短的司务长、武警委员会副主任，她始终做好保障单位后勤工作，负责大家的衣食住行，掌管中队的财政

大权，提供连队的营产营具。在这期间，羊丽君因政治素质过硬、业务能力突出，多次获得部队嘉奖，并被选调参加重大任务保障工作，例如负责"一带一路"国际高峰合作论坛重大安保任务、代表武警部队参加中国妇女第十二次全国代表大会旁听、参加国庆70周年安保维稳任务，其先进事迹获北京电视台采访、被CCTV-7军事频道报道……正是秉持着"入伍就要当好兵"的信念，羊丽君在国庆70周年安保维稳任务中被评为"先进个人"。

一颗军魂的无愧使命，白衣天使圆梦习医强技

在部队的五年，羊丽君在磨炼中逐渐成长，在担任司务长的同时，她也意识到医疗卫生对部队士兵生命保障的重要性。2020年9月1日，羊丽君退出现役，选择回到学校完成护理专业的学习后再续部队情缘。但，退伍不褪色，退役不退志！离开部队后，羊丽君仍怀揣着对军装的一份执着，仅仅在家陪伴了父母两个星期，便回初中学校参加新生教官复训。她来到磐安县实验初中担任学校教官，带领学生军训，所带班级军训汇报获得一等奖；她担任了磐安县革命烈士纪念馆新馆的第一位讲解员，向无数游客详细解说了磐安县光荣历史，受到了磐安县县长的表扬；她成为一名防疫志愿者，积极投身防疫工作，在村口监测点值守，负责劝返外来人员和车辆，为家乡人民的安全贡献着自己的力量……

复学后，羊丽君来到了久违的校园。戎装换白衣，从军人到大学生，她红色初心依旧。对于刚退伍的羊丽君而言,已经五年没有接触过专业文化课,重新拿起书本的她遇到了普通同学难以想象的困难。但她一步一步地勤学、苦学,毫不气馁,别人花一个小时看书,她就花两个小时看书;课堂上她总是那个腰板挺得最直、回答问题最积极的姑娘。她总说"有多努力,就有多幸运",最终她学业成绩名列前茅,获得校一等奖学金,多次在竞赛中获奖。

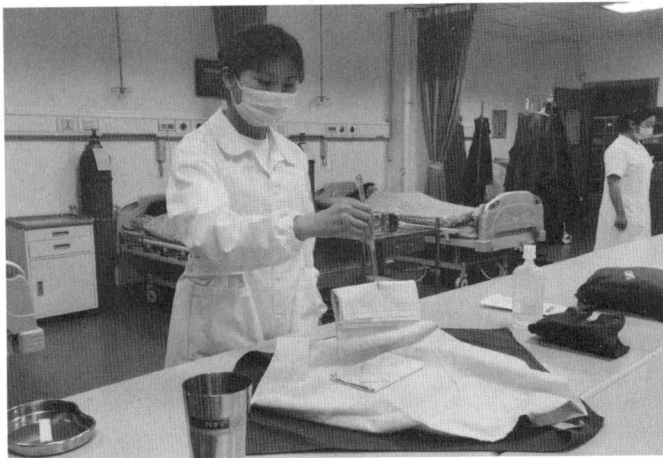

在校期间,羊丽君不仅注重专业知识学习,还利用各种机会积极参加学生组织和志愿活动。她是医院的防疫志愿者,是微笑驿站的爱心志愿者,也是敬老院的服务志愿者。与此同时,羊丽君通过竞选成为医学院学生会主席团的一员,分管社会服务工作,从活动的参与者渐渐变成组织者,累计开展"护理知识进社区"志愿服务活动20余次。她还在校园里借用各种平台弘扬我党我军的优良传统,分享军旅心得5次。在"网上重走长征路""四史教育"等学习竞答活动,她也获得优异成绩。

除此以外,羊丽君大一时就为自己制订好了详细的学习计划和职业生涯规划。在大学阶段,她至少要取得三次一等奖学金,考取自考计算机信息管理专科学历,报考学习函授本科护理学专业课程,考取心理健康指导师证,获得省级优秀毕业生等荣誉称号。她了解到目前全国军队文职护士人才需求量大,但军队文职招聘依然有许多护理岗位无人报考。因此她毅然决定毕业后报考成为一名军队文职护士,发挥专业特长,尽自己的一份绵薄之力报效祖国,在最喜爱的岗位上挥洒青春热血。

一头短发尽显青春风华，就算有挫折和眼泪，她的笑容依然轻盈。身份转变、初心不改。她的身上体现了军人无私的爱国心。一身守护生命的白衣情，她用行动诠释了巾帼担当。她是那一朵绽放的铿锵玫瑰。

方文婷：让"微光"在基层闪耀

（浙江省第五届"浙里青春正飞扬"
大学生基层就业典型人物）

没有全民健康，就没有全面小康。在社区基层里，藏着这么一群大家"最熟悉的陌生人"，他们的名字叫"大白"。寻常时期他们提着药箱戴着口罩，走街串巷到市民家中问诊送药；疫情肆虐时他们穿上防护随叫随到，消杀、采样、流调、隔离，哪里缺人就到哪里，日夜坚守保障百姓生活有序……他们就是构筑全民健康的基石力量——基层医生。2019 年毕业于金华职业技术学院医学院临床医学专业的方文婷，便成了这个群体里年轻的"95 后"力量，坚守奋战在山区 26 县的衢江区、柯城区的基层公共卫生战线，做基层健康"守门人"！

勤学专业知识，做仁心医术的"好学者"

从进入大学校门起，方文婷便将"成为一名好医生"这个朴实却远大的目标牢牢地定植于心中。清晨寂静的教学楼里、半夜寝室昏暗的灯光下、周末图书馆安静的书架前，都留下了她学习的背影。她凭借扎实的理论和技能操作水平，多次获校优秀学生奖学金，并在 2018 年全国大学生临床技能竞赛获得了二等奖的佳绩。她是一位积极向上的正能量青年，积极向党组织靠拢，是同届学生中发展的第一批共产党员。同时，作为学生会干部，她带领"医路健行"

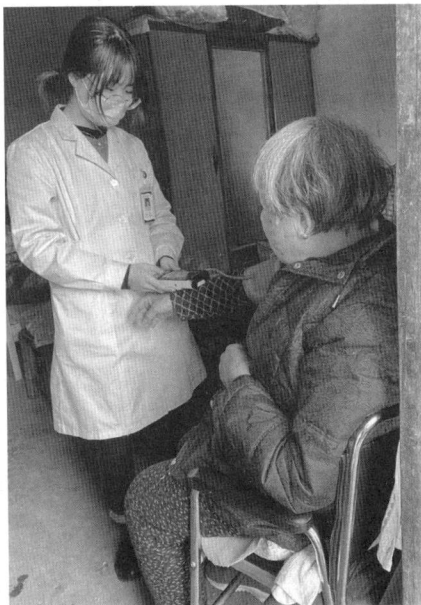

志愿服务队获得全国大学生百强实践团队等数十项荣誉称号。2018 年被评为学校优秀共青团员，在三级综合性医院实习的八个月里，因个人表现突出、各项考核卓越被评为 2019 届优秀实习生、优秀毕业生。

高质量发展建设共同富裕示范区是推进新时代区域协调发展的重要举措，作为山区 26 县之一的衢州市柯城区，是共同富裕示范区建设的主战场，也是毕业后方文婷选择的地方。初入职场的她，包办了卫生院科室几乎所有的脏活、累活，例如送检病人、帮病人导尿、给病人换药打石膏等，她说这是很好的对基层医生的锻炼。结束了一天繁忙琐碎的门诊工作，她不会第一时间回家，而会习惯性地在门诊再待上一会儿，看看还有没有需要紧急处理的病人。久而久之这也就成了她的"专属习惯"。邻里居民常常都会催着小方医生下班。她非常勇敢，抢着帮外伤病患做紧急处理，主动申请去手术室做辅助手，积极报名参加外出救援任务，多次获优秀职工荣誉。她时常向老资历的医生请教学习，专注研究临床用药和治疗方法，规范化培训、论文撰写、课题申报一样都没有落下。因为她知道，不仅对待病人要有耐心和爱心，而且要提高专业知识和技能，才能真真正正地做好一名临床医生。

搭建宣教平台，做健康生活的"传播者"

"勤洗手，一米线，戴口罩，不聚集，不去外面到处跑""小方为您说防疫"……在衢州市柯城区的"徐徐道来"8090 直播间，方文婷正在为刚刚解封的衢州人民宣讲"解封"后的日常生活个人防护须知。这场三分钟的直播吸引了 6200 多人在线观看，获赞 4000 多个。而这也仅仅是方文婷日常健康宣讲的一个缩影。

作为一名共产党员，方文婷在"奉献、友爱、互助、进步"品质的激励下，不断努力前行、不断挑战自我。在完成日常工作的同时，方文婷认真学习并宣传习近平新时代中国特色

社会主义思想的核心要义，把做好有效的学习宣讲作为自己的职责。宣讲地点从学校到部队，从田间到地头，从百姓家中到文化礼堂。宣讲内容从会议精神到政策法规，从医疗常识到防疫须知，从党史到中国近代史。她真正做到深入了解群众的真实想法和宣讲需求，用接地气、草根化的宣讲方式让群众听得懂、感兴趣，达到了较好的宣传效果。2021年，方文婷累计宣讲次数达20余次，受众达10余万人，荣获浙江省2021年基层病例演讲比赛决赛二等奖、衢州市柯城区卫健局"请党放心，强国有我"宣讲比赛一等奖，并获得衢州市柯城区2019年、2020年优秀共青团员，柯城区优秀讲解员等荣誉称号。

冲锋疫情一线，做群众生命的"敬畏者"

2020年新冠疫情暴发，方文婷在家家户户走访中发现百姓在疫情反复中出现了一定程度的恐慌、焦虑等心理问题。她开始思索该如何加强大家的"心理韧性"，适应疫情常态化下的生活与工作。2021年，方文婷主动申请前往衢州市第三人民医院进修精神科。半年时间，她走访辖区精神病人及家属150余名，帮助精神病人日常服药及管理40余次，创设科室床位30张，增加了许多心理健康方面的知识和经验，大大提升了自己心理咨询和诊断疏导技能。

"再坚持一下！再多翻个山头，辖区百姓的健康就多了一份保障！"自2022年3月13日衢州市衢江区疫情蔓延以来，方文婷第一时间向单位请愿，承担起辖区内密接、次密接的上门核酸采样任务。但很多的居家隔离户地处偏远，车辆无法到达，只有步行爬山才能到达。核酸采样不仅是个技术活，还是个体力活。身上是密不透风的防护服，长时间阳光暴晒，并且背着笨重的采样箱，纵使已经汗流浃背像个"水牛"，她依然坚持走过一村又一村、走完一里又一里。因为她明白，多采集一个样本，就是多一份安心。自疫情防控以来，方文婷为辖区内军队、特殊企事业单位、重点人群累计采样达上万次，覆盖辖区20余个自然村，上门入户采样130余户。在做好个人安全防护的前提下，她利用所学所知为地方百姓提供医疗服务保障，提高心理应激能力，科普防疫知识技能，用实际行动践行着"请党放心，强国有我"的青春誓言。

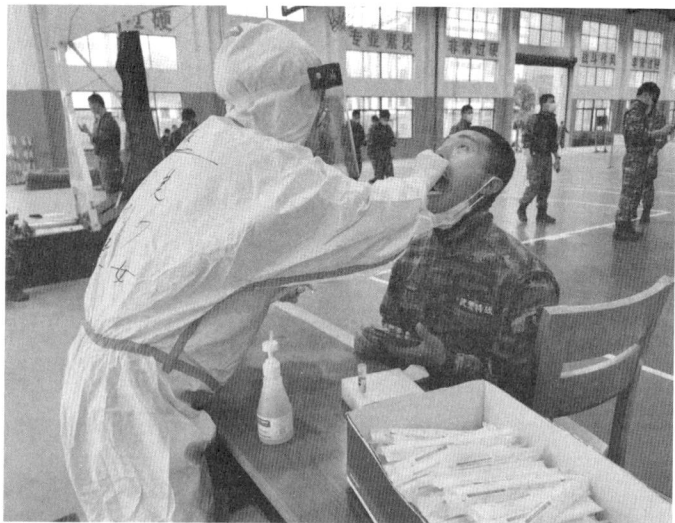

　　大爱行大善，付出终无悔。在栉风沐雨的行医路上，方文婷始终遵循医学生誓词，专业敬业、勤业乐业。方文婷将自己深深地扎进了基层医疗的土壤中，为守护百姓健康贡献自己全部的力量，谱写了一曲当代青年基层医生的赞歌！她说，在基层工作的两年多时间，她学习了很多，收获了很多，但征途漫漫，唯有不断提升自我，才能成为百姓口中的"好医生"、心中信得过的"大白"；才能让辖区居民更好地享受到优质的基层医疗卫生服务。她立志要做基层群众的坚实"医"靠，让"微光"在基层闪耀！

方建："妙手"康复治疗守队员，
10年健康保障助夺金

  方建，金华职业技术学院医学院康复治疗技术专业 2005 届优秀毕业生，先后在浙江远东太平洋女子篮球俱乐部和浙江体育职业技术学院附属体育医院（下称"体育医院"）从事队医工作。2010 年 5 月起，他担任体育医院千岛湖医务室负责人，全面负责省水上赛艇、皮划艇、帆船板项目医务工作，同时兼任赛艇项目队医工作。期间，他用专业的治疗保障了选手们的健康与安全，曾连续两届入选中国国家赛艇队队医，随队征战北京奥运会、德国慕尼黑世界杯、德国汉堡世界杯，并连续四届参加全运会，分别于 2017 年、2021 年被浙江省人民政府授予个人二等功。

孜孜不倦勤学习，小荷才露尖尖角

2002 年，金华职业技术学院率先在浙江省高校开设康复治疗技术专业，方建是首届学子。

"学习好、操作强和人品好！"谈及方建，医学院医护技能实训中心教师潘晓明情不自禁地夸赞道。解剖兴趣班学习期间，方建的学习态度端正、学习目标明确，有强烈的求学欲望。"他懂得理论联系实际，勤于动手操作，经常看见他利用空余时间制作解剖标本，在制作过程中细致认真、一丝不苟。"在医学院 2003 年举办第二期临床解剖标本制作比赛中，方建的"背部深层肌Ⅲ"标本以最高分荣获一等奖。

"学习好刻苦、动手能力强、为人很踏实。""严于律己，但又会站在他人角度考虑问题，做到宽容待人。""设身处地为他人着想，与老师同学关系融洽。"……潘晓明，宋丽华、蓝巍、王晓杨等任教老师对方建的表现同样赞不绝口。方建在校学习期间还获得二等奖学金两次、三等奖学金两次和基业三等奖学金一次，2005 年毕业时被评为校级优秀毕业生。

扎根康复十余载,雄鹰展翅锋芒现

2005年毕业后,方建首先入职浙江远东太平洋女子篮球俱乐部担任队医,随队征战2006—2007赛季女子篮球甲级联赛。2007年4月他入职浙江体育职业技术学院(浙江省体队),为水上运动项目(赛艇、皮划艇)担任队医,并于2010年10月起担任水上项目医务组长(享受科主任待遇)。从事队医工作10余年,方建外训出差时间逾1000天,其间随队征战了北京奥运会、德国慕尼黑赛艇世界杯、德国汉堡赛艇世界杯,在山东、辽宁、天津、陕西参加了4届全运会等。

由方建保障的徐东香、严诗敏、潘飞鸿、陈爱娜等队员多次获得全运会赛艇女子轻量级双人双桨金牌、赛艇女子轻量级四人双桨金牌,世界赛艇锦标赛冠军。徐东香与广东选手黄文仪搭档获得伦敦奥运会赛艇女子轻量级双人双桨银牌。潘飞鸿与广东选手黄文仪搭档获得里约奥运会赛艇女子轻量级双人双桨铜牌。

业界精英常思量,反哺母校作用显

方建在繁忙的工作之余,还利用碎片化时间学习,顺利通过专升本考试,于2011年7月获得浙江中医药大学本科学历,2015年通过浙江人事厅组织的省属事业单位招聘统考,以笔试和面试均第一名的优异成绩考取浙江体育职业技术学院事业编制(第一批)。

同时,方建也不忘母校的学弟学妹们,经常与康复治疗技术专业任课教师联系,看到专业相关的招聘信息会第一时间转发给老师。他还定期为

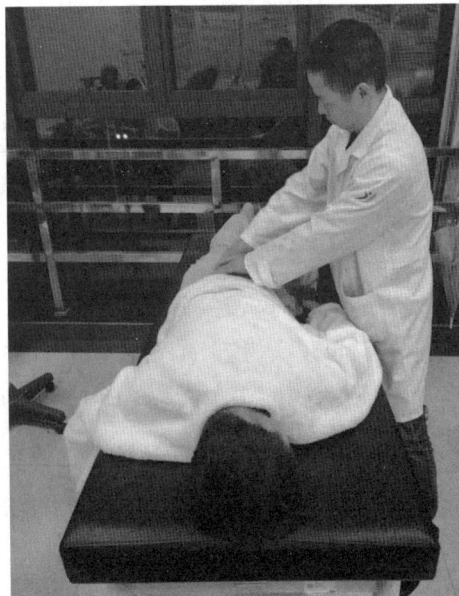

学弟学妹们传经送宝，通过线上线下开展座谈会、分享会给学弟学妹们提供专业指导、就业咨询等服务内容。

杭州亚运会即将到来，作为浙江省水上项目医务负责人，方建正带领团队积极备战。他表示将竭尽所能为参赛选手保驾护航，为杭州亚运会贡献自己的绵薄之力！

魏萧靓：勇逐医途梦想，医路风雨兼程

魏萧靓，女，中共党员，金华职业技术学院医学院助产专业 2020 届毕业生。在校期间任医学院团委办公室秘书长、党政思建联络部副部长、班长、班主任助理，获国家奖学金、国家励志奖学金、浙江省优秀毕业生、校十佳自强之星等荣誉，获国家级、省市级荣誉 7 项，校院级奖项 30 项。勇逐医途梦想，医路风雨兼程正是她的写照。她于 2020 年 8 月入职上海交通大学医学院附属新华医院，护理职业生涯的小船开始扬帆起航。

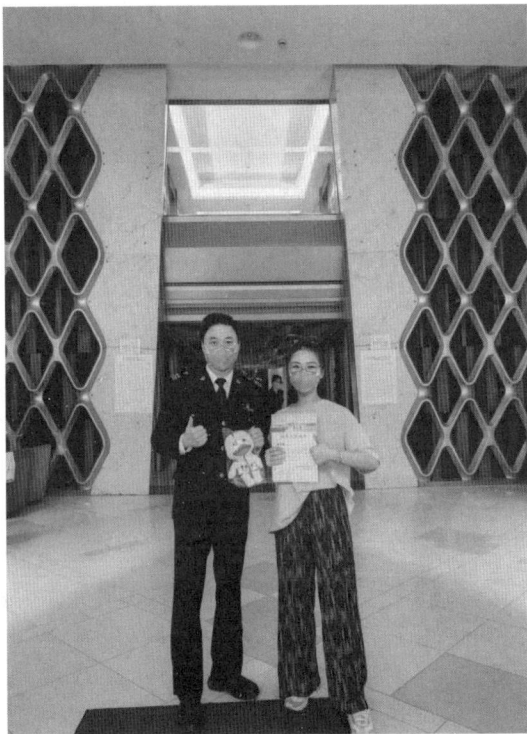

脚踏实地，不断成长

在校期间，她在保持专业成绩优秀之余，努力向一专多长发展。她考取了国家高级育婴员、急救证等技能证书，获国家奖学金、优秀学生一等奖学金等。

学生工作上，作为班长她带领班级开展特色班级建设，所在班级多次被评为五星级班级，获校优秀团支部荣誉。作为学生干部，她带领团委办公室开展四期业余党校工作，推进护理支部的橄榄山苑敬老爱老项目、小学健康宣教工作。她积极发挥先锋模范作用，使支部活动举办得如火如荼，受到媒体的关注以及好评。她多次被评为优秀学生干部、优秀团干等。

她勇于实践，体会生活的点滴，积极参加"医路·健行"暑期三下乡活动，所带领团队被评为 2018 年全国大学生暑期实践百强团队。两年期间的个人志愿服务时长达 400 多小时。

不忘初心，不断追梦

她抓住高端实习机会，在上海交通大学医学院附属新华医院实习期间表现突出，深得带教老师的赞赏，被医院成功录用，现已就职于被誉为"沪上最强儿科学"、全国儿科医院排名第四的上海交通大学医学院附属新华医院，并在众多新职工中脱颖而出，担任大组长一职。她与全国各高校学子同台竞技，尽扬金华职业技术学院美名。

付出，不停歇地坚守

参加工作至今，她先后轮转心血管一科一病区、妇科二病区、OICU、NICU 等科室。由于疫情原因和工作需要，她积极响应防疫政策，非必要不离沪。只要想起南丁格尔舍己救人的奉献精神，想到护士这个岗位的特殊性，看到病床上需要帮助的患者，她就明白患者比家人更需要她，所有的不良情绪顷刻间都会随之化解，转化成对护士这份工作的尊重、坚守与热爱。

用心，才能感动患者

不论是对刚出生的小宝宝还是癌症化疗的病人，在护理工作中她都常怀一颗仁慈的心。一次，科室收治了一位 36 岁的妊娠合并恶性肿瘤、直肠癌晚期的女性患者，终止妊娠术后患者情绪十分不稳定，时常吵着要出院中止治疗。她时常在工作之余和她交流疏导其不良情绪，帮助她起身活动、打水、做术后康复。起初患者对她的帮助并不领情，排斥、不搭理，治疗的时候也不配合。但魏萧靓明白原本高高兴兴做母亲突然确诊了这个疾病而终止妊娠，患者内心比任何人、任何时候都要脆弱，只能给予她关心和无微不至的呵护。通过不断地主动交流，也许是诚意打动了患者，抽血做治疗时患者也开始答应配合，微笑着对魏萧靓说："靓靓，你来给我抽血多扎几针都没事。"因此，她相信只有真正用心对待患者，才能感动患者，消除患者心中的抵触，更好地配合治疗。

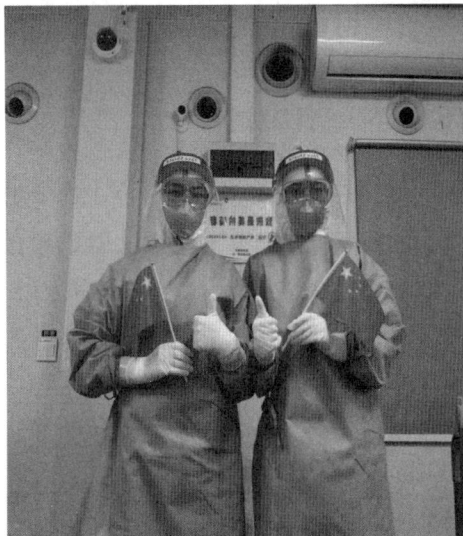

行动，是最好的模范

作为一名党员同志，在抗击疫情的工作中，她积极响应党和组织的号召，参与抗疫工作。2022 年 3 月，她参加上海浦东国际机场核酸采样工作。新华医院作为浦东机场疫情抗击队中唯一一家三甲医院，面对多家医院人员回撤，所在团队坚守"国门"42 天，坚守岗位，牢牢坚守住"国门"第一道防线。2022 年 8 月，海南疫情形势严峻，她主动请缨加入上海援琼医疗队。她飞越两千多公里，辗转海口澄迈、三亚多地参加支援工作，面对十几层没有电梯的楼房，穿着防护服顶着三十几度的高温爬楼工作，一次次中暑倒下，她从未退缩。她心中时刻牢记自己立誓要守护国家，要服务人民。最终通过全体援琼医疗队 21 天的努力，海南疫情抗击战取得初步的胜利。作为新华医院医疗队第四组的组长，她团结组员，积极抗疫，充分发挥了党员的先锋模范作用，坚守抗疫一线，用实际行动践行了一名当代年轻党员的初心使命。她于 2020 年 11 月被评为上海交通大学医学院附属新华医院"优秀新人"荣誉称号。

魏萧靓坚持"以病人为中心"，发扬救死扶伤的革命人道主义精神，立足本职岗位，善于总结工作中的经验教训，踏踏实实做好医疗护理工作。她在获得病员广泛好评的同时，也得到各级领导、护士长的认可。在以后的日子里，她也会牢记为人民服务的宗旨，以坚定的信念和护理技能守护病人的健康。她是金华职业技术学院的骄傲。

这些是你的老师、学长学姐，看了他们的事迹，你有什么想说的吗？

四
没有规矩，不成方圆

读过一个故事：一天，河水对河岸咆哮："你像两堵墙立在我的身边，阻挡我随意流动，限制我的发展……"河岸严肃且认真地回答："正是由于我存在，淙淙河流才能汇聚成滔滔巨流！"河水不听劝告，冲毁堤岸，漫野横流……渐渐消失了。

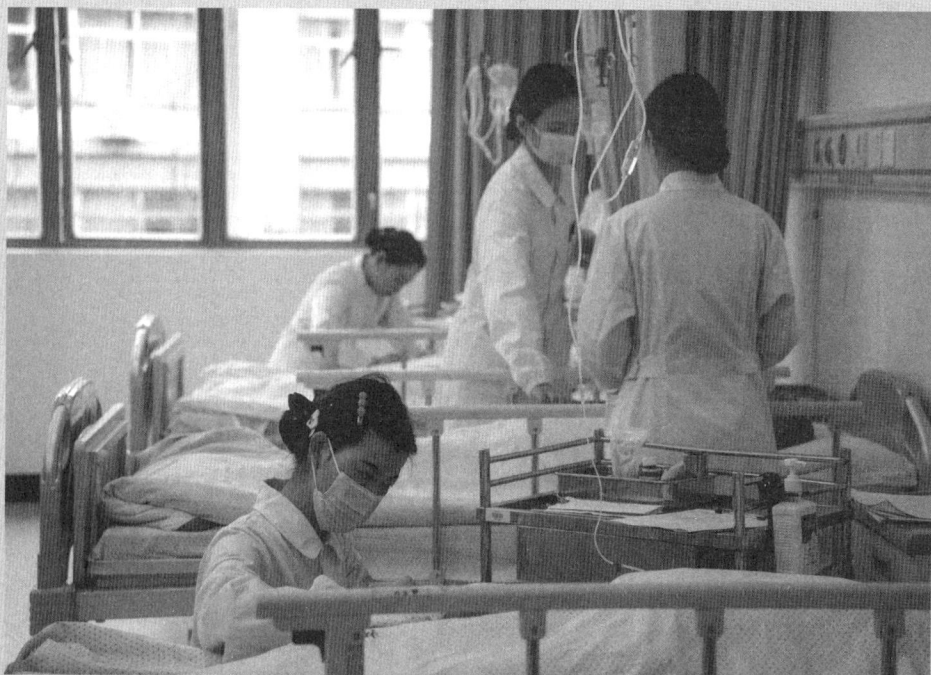

规者，正圆之器；矩者，正方之器。无规不成圆，无矩不成方。这句耳熟能详的名言告诫人们，立身处世乃至安邦治国，都必须遵守一定的准则和法度。在学校，我们不仅要学习专业知识和技能，更要学会做人。校园生活中不随手乱丢垃圾是规矩；无特殊原因不迟到、不旷课是规矩；诚信考试，不作弊是规矩；实训室内要爱护模型，整理好用物是规矩。

医学院学生"7S"管理

一、"7S"管理的要求与目的

（一）"7S"口号

让我们的习惯符合标准；让标准成为我们的习惯；

用心做事才能做好事；做好小事才能做大事。

（二）"7S"宣言

我们愿意去做好；我们有信心做好；

我们会坚持做好；直至形成好习惯。

（三）"7S"方针

整顿现场物品；养成良好习惯；清洁校园空间；改善环境品质；

倡导节约资源；保障安全高效；凝聚团队精神；提升职业素养。

（四）"7S"目标

塑造整洁优美的学习环境；追求国内一流的学校品质。

二、"7S"内容与作用

（一）认识"7S"

"7S"指的是日文整理（seiri）、整顿（seiton）、清扫（seiso）、清洁（seiketsu）、素养（shitsuke）的罗马字母注音和英文 save（节约）、safety（安全）的第一个字母，共 7 个 S，简称"7S"。

"7S"管理是现代企业或团队行之有效的管理理念和方法。其作用是使企业生产、生活等环境整洁有序，节约降耗，保证品质，安全高效。

从企业引进"7S"管理，就是为了学校的创新发展。

（二）"7S"内容

（1）整理（seiri）——将学习、生活、实训场所的所有物品区分为"有必要的"和"没有必要的"，把有必要的整理出来，没有必要的或存放别处或消除掉。

目的：腾出空间，活用空间，防止误用，塑造有序的学习和生活场所。

（2）整顿（seiton）——把留下来的必要用的物品依规定位置摆放整齐，并加以标示。

目的：学习和生活场所一目了然、整整齐齐，避免因寻找物品而浪费时间。

（3）清扫（seiso）——将学习、生活场所内看得见与看不见的地方打扫干净。

目的：减少环境污染与损害，清扫场所垃圾，净化学习、生活环境。

（4）清洁（seiketsu）——关心自己的学习、生活环境的净化，关注自己卫生习惯的养成。

目的：创造干净、亮丽的学习生活环境。

（5）素养（shitsuke）——每位学生具有优雅的仪表、良好的修养，能规范在内的品行，遵守规章制度，培养积极主动的精神，养成良好的习惯，提升职业素养。

目的：培养自己为人处世的能力，提升自己的职业素养。

（6）节约（save）——合理利用物质资源、节能降耗，营造一个节俭、高效、物尽其用的氛围，让学生养成勤俭节约的习惯。

目的：树立节约的理念，力避铺张浪费。

（7）安全（safety）——树立"安全第一"的意识，保证自己和别人不受损害，为形成平安和谐的生活学习环境做出自己的努力。

目的：创建和谐平安校园，确保健康成长。

三、"7S"效能

（1）提高学习效率：整洁的物质环境，严谨的学习方式，和谐的学习氛围，良好的人际关系，创造了更多的学习时间，起到了提高学习效率的作用。

（2）保证学习质量：有序的用品存放，规范的信息管理，养成做事认真、学习有序的习惯，是保证学习质量的基础。可以减少学习（作业、考试）的失误，减少不合格成绩的出现，从而提高学习的质量。

（3）减少学习浪费：用品乱摆放、器材保养不良、通道不通畅等都会造成资金、人员、场所、效率、品质、成本的浪费，减少这些浪费，也就提高了学习效率。

（4）保证学习安全：良好的环境可以防止和避免意外事故的发生；舒适的现场使人心情舒畅，精神集中，健康快乐。

（5）提高自身素养：养成良好的日常行为规范、学习习惯，培养团队合作、追求卓越的精神，提高自身职业素养。

（6）提升社会满意度：通过"7S"管理，消除各个环节的马虎之心，克服小事不愿为、大事不能为的弊端，改善学校内外部环境，打造学校品牌，提升社会对学校的满意度。

四、"7S"推进

"7S"推进流程如下图所示。

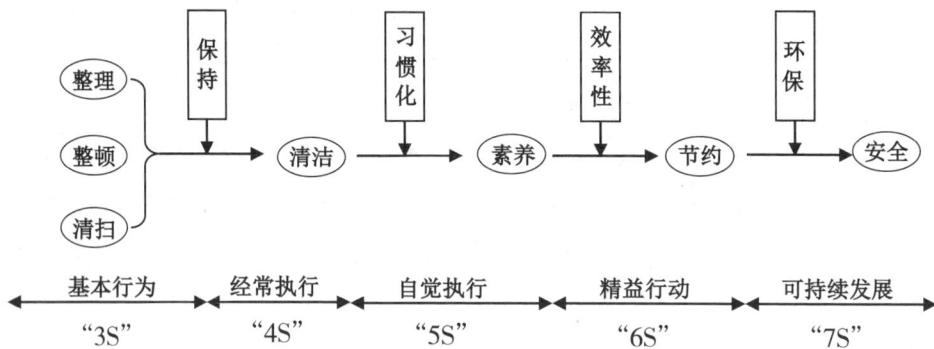

医学院学生综合素质测评实施方案

（2022年修订）

第一章　指导思想

为全面贯彻党的教育方针，鼓励学生勤奋学习、奋发向上，促进本院学生德、智、体、美、劳全面发展，在《金华职业技术学院学生手册》现行综合素质测评实施办法的基础上，结合我院实际情况，特制定本办法。

第二章　组织结构

（一）医学院成立由分管学生工作的领导、辅导员和班主任组成的测评工作领导小组，全面负责本学院学生综合素质测评工作的组织和实施。

（二）各班级成立综合素质测评工作小组，班主任担任组长，班长、团支书担任副组长，副班长、学习委员，外加三位普通学生为组员（需公选），负责全班综合素质测评汇总、统计等工作。

第三章　测评方法

（一）学生综合素质测评的开展坚持定量测评和定性评价相结合、把握全面和突出重点相结合、过程性评价与终结性评价相结合的原则；坚持公平、公开、公正的原则。

（二）学生综合素质测评分为德育、智育、体育、美育和劳育五个模块，每个模块均设有基本分和先锋分。

学生综合素质测评的定量计算方法为：综合测评总成绩=德育素质测评成绩（C_1，15分）+智育素质测评成绩（C_2，60分）+体育素质测评成绩（C_3，10分）+美育素质测评成绩（C_4，5分）+劳育素质测评成绩（C_5，10分）+扣分项（C_0）

（三）次学期前两周开展上一学期测评工作，操作步骤为：

（1）新学期第一周开始，各班级根据学院学工办安排成立班级综合测评小组。小组组织本班同学认真学习综合测评方面的规章制度，并负责监督班级开展综合测评工作。

（2）班级综合测评小组组织班级成员填写《医学院学生综合素质测评评分表》并在综合班级同学各项成绩的基础上对各项成绩分别进行统计、排名和定级，并认真填写《医学院学生综合素质量化测评表》。

（3）学工办在学院测评工作领导小组的领导下，对班级综合测评小组评定结果进行审核，审核无异议，返回各班级公示一周。

（4）公示结束无异议，交学院综合测评工作领导小组审定，审定通过后，学院学工办将各班《医学院学生综合素质量化测评表》《医学院学生成绩奖学金审批表》《医学院优秀学生奖学金报告》汇总并报学院分管学生工作领导审核，经党政联席会审批通过后报学生处。

（四）综合素质测评以班级为单位。毕业班学生只进行在校期间学习表现的综合素质测评。

第四章　测评内容和等级评定

（一）德育素质评价（15分）

评价依据：德育素质评价包含思想政治素质、道德品质修养、学习态度作风和组织纪律观念等内容。

评价方法：德育素质测评成绩（C_1）=德育基本分（13分）+德育先锋分（2分）

（二）智育素质评价（60分）

评价依据：主要依据学生的学期学业成绩进行评价，考查学生学习的勤奋努力程度、学习质量和水平。创新创业成绩主要依据学生参与竞赛、课题论文、学术著作、科技发明（专利）、自主创业等情况。

评价方法：智育素质测评成绩（C_2）=智育基本分（50分）+智育先锋分（10分）。其中，智育基本分根据上一学期学生所修课程（不含体育课）的课程成绩来计算。

$$Z_1 = （A_1 \times B_1 + A_2 \times B_2 + \cdots + A_i \times B_i + \cdots + A_n \times B_n）÷（B_1 + B_2 + \cdots + B_i + \cdots + B_n）\times 50\%$$

其中，A_i 为学生所修课程中第 i 门课程的成绩（以百分制计），B_i 为教学计划中设定的第 i 门课程的学分。

考试作弊或旷考者，相应课程以零分计，申请缓考的学生经补考后再进行智育素质的测评。

（三）体育素质评价（10分）

评价依据：体育素质主要考查学生的体育运动技能、体质水平等方面的综合表现，以学生体育课成绩、体测成绩、课外体育锻炼情况为测评依据。

评价方法：体育素质测评成绩（C_3）=体育基本分（7分）+体育先锋分（3分）

（四）美育素质评价（5分）

评价依据：美育素质主要考查学生热爱美和创造美等方面的能力与素质。

评价方法：美育素质测评成绩（C_4）=美育基本分（3分）+美育先锋分（2分）

（五）劳育素质评价（10分）

评价依据：劳育素质主要考查学生热爱劳动、尊重劳动、积极实践等方面的内容，以学生参加生活劳动、社会劳动、实习实训等情况为测评依据。

评价方法：劳育素质测评成绩（C_5）=劳育基本分（8分）+劳育先锋分（2分）

第五章 应 用

（一）定性评价

定性评价分为学期评价和学年评价。

1.测评比例

各班级评优评奖比例参照《金华职业技术学院学生手册管理规定》。

普通班奖学金名额设定为一等奖人数不超过班级人数的3%，二等奖人数不超过班级人数的8%，三等奖人数不超过班级人数的30%。计算用到的各项比例只舍不进，取整位数。

医学院特色班级评优评奖比例：创新班、卓越护理班、临床护理学院奖学金名额为一等奖人数不超过班级人数 6%，二等奖人数不超过班级人数 16%，三等奖人数不超过班级人数 50%（采用四舍五入进位制计算）。

因同一个项目加分或扣分的均以最高分为准。

2.测评条件

（1）期末考试挂科、作弊等违反校规校纪的同学不能参与奖学金评选。

（2）院级处分未撤销的同学不能参与奖学金评选，校级处分的同学一律不能参与奖学金评选。

（3）寝室期末考核为C的同学不能参与评优评奖。

（二）定性评价是学生评优评奖、推优入党、就业推荐等的主要参考依据。

（三）加减分项目详见医学院学生综合素质测评项目分值（仁心指数）。

第六章　附　则

（一）本办法适用于医学院在校学生。

（二）本办法自公布之日起开始生效并开始实施，原《医学院学生综合素质测评实施办法》同时废止。其他有关文件规定与本办法规定不一致的，以本办法为准，解释权归医学院学工办。

医学院医养健康专业群三阶过关
理论考试实施方案

为进一步深化医养健康专业群"三教"改革，夯实医学基础专业知识，培养学生良好的临床思维能力和敏锐的观察能力，及时发现临床问题、妥善解决问题的能力，特制定医学基础课程—专业核心课程—临床实习综合课程三阶段过关考试实施方案。该实施方案从2021—2022学年第一学期开始执行。

一、实施对象

医养健康专业群（护理、助产、临床医学、医学检验技术、康复治疗技术、中药学专业）大一、大二、大三学生。

二、实施要求

（一）考核课程

第一阶段第一学年医学基础课程，第二阶段第二学年专业核心课程，第三阶段第三学年临床实习综合课程。具体各专业各学期安排课程见下表。

各专业各学期安排课程

学期	专业	课程
第一学期	护理	正常人体结构、正常人体机能、生物化学
	护理（五年制）	儿科护理、妇产科护理、护理综合实训、急危重症护理
	助产	正常人体结构、正常人体机能、生物化学
	临床医学	人体解剖学
	医学检验技术	正常人体结构
	康复治疗技术	正常人体结构
	中药学	正常人体结构、正常人体机能、中医基础理论

续表

学期	专业	课程
第二学期	护理	基础护理、病原微生物与免疫、药物应用、病理学基础
	护理（五年制）	护理应用解剖与生理、外科护理、内科护理、围手术护理技术、中医适宜技术、老年护理
	助产	基础护理、病原微生物与免疫、药物应用、病理学基础
	临床医学	生理学、病理学、药理学、病原生物与免疫
	医学检验技术	生物化学、正常人体机能、病理学基础
	康复治疗技术	内科学、人体运动
	中药学	病原微生物与免疫、药理学、药用植物学、中药学
第三学期	护理	基础护理、健康评估、围手术护理技术、外科护理、老年护理、中医适宜技术
	助产	基础护理、健康评估、内科护理、外科护理、助产技术
	临床医学	诊断学
	医学检验技术	免疫学检验、临床检验基础、生物化学检验、微生物学检验
	康复治疗技术	物理治疗基础，传统康复疗法
	中药学	中药鉴定技术、中药炮制技术、方剂学、中药化学
第四学期	护理	内科护理、外科护理、儿科护理、妇产科护理、急危重症护理、五官科护理
	助产	内科护理、外科护理、儿科护理、妇科护理、助产技术
	临床医学	内科学、外科学、妇产科学、儿科学
	医学检验技术	血液学检验、微生物学检验、生物化学检验
	康复治疗技术	成人神经康、肌肉骨骼康复
	中药学	中药制剂技术、中药调剂技术、临床医学概论、中药制剂分析
第三学年	护理	护理综合
	助产	助产综合
	临床医学	临床医学综合
	医学检验技术	医学检验技术综合
	康复治疗技术	康复治疗技术综合
	中药学	中药学综合

（二）授课要求

课程组统一同一专业的授课计划、授课进度，每学期进行一次期中考试，课程结束后进行统考。

（三）学习及考试

纳入过关考试课程，由专业、课程组进行组卷，教科办实施考试环节，答卷以答题卡涂卡的形式进行。

（四）考试要求

（1）考试内容：考试命题以课程标准为依据，突出课程内部和课程之间在内容和方法上的交叉和综合，重点考核学生对基础知识、专业理论的掌握和综合运用程度以及学生发现问题、分析问题、解决问题的能力。

（2）考试题型：考试题型完全采用国家执业资格考试的标准题型。

三、奖励

每学期根据过关考试成绩进行排名，同时班级成绩纳入年终班级考核。

医学院学生课堂管理办法

课堂是教学的主战场，有效的课堂管理是教学成功的保障，是学生素质形成的主渠道。为进一步加强课堂教学管理，维护正常教学秩序，树立严谨的校风、教风、学风，提高课堂教学效果，保障教育教学质量，特制定本办法。

（1）学生应按时参加学校统一安排的活动。学生必须按时上课，一般应提前5分钟到达上课教室。各种理论教学环节、实践教学环节、军训、公益劳动、社会实践等均实行考勤。因故不能参加者，应事先请假。未请假或请假未准而擅自不出勤者，均以旷课处理。学生考勤表现纳入综合素质测评，作为品德评语的依据。学生每次上课之前需在"金色年华"中进行签到，任课教师做好点名工作。

（2）学生上课时应遵守课堂纪律，认真听课，未经任课教师同意不得在教室内使用任何通信工具、不得擅自离开教室。自修时间应认真学习，保持安静，不得妨碍他人自修。

（3）教师根据课程的特点和学生情况制定课程考勤办法，并纳入课程形成性考核。对学生缺课、旷课等情况应及时向学生所在学院反映。

（4）学生外出实习、参观、社会实践等教学活动前应参加安全教育，必须听从带队教师的指导和安排。因故不能参加者，应根据请假时限分别向实习单位、带队教师、学院办理请假手续，未经批准，不得擅自离开。

（5）学生请假应事先提出书面申请，说明请假原因、时间、期限。如请病假，须有学校医务室或二级甲等以上医院证明；如请公假，应持校内相关单位证明；事假原则上不予批准，确有特殊情况，应事先办理请假手续。因疾病或突发事件未能及时请假者，应在事后及时补办请假手续。

（6）请假在一天之内（含一天），由班主任批准；请假一天以上一周以内

（含一周），由班主任签署意见，报学院学工办批准；请假一周以上，由学院学工办签署意见，报学院分管院领导批准。请假累计达到或超过本学期教学时数的三分之一者，应办理休学手续。无论请假时限长短，都应在学院学工办备案。学生请假期满，应向学工办销假（一天内向班主任销假）；需继续请假者，应及时办理续假手续。

（7）学生旷课按实际课时计算；无故不参加学校统一安排的活动，均以旷课6学时/天计算；迟到、早退每两次按旷课1学时计算。

（8）对旷课较多的学生按照学校学生违纪处分相关规定给予纪律处分。

实训基地管理制度

医学院设有基础医学和仿真医院两大实训基地。仿真医院实训中心是中央财政支持的职业教育实训基地，浙江省高校示范建设基地。根据专业设置、对接行业方向、主要功能等要素分为人体形态学实验中心、人体机能学实验中心、医学检验实训中心、中药技能实训中心、护理技能实训中心、助产技能实训中心、临床技能实训中心和康复技能实训中心八个实训中心。

实训基地占地总面积 3.2 万平方米，拥有价值 8000 多万元的教学设备仪器，能同时容纳 1200 多名学生进行"教学做评"一体化活动。根据专业布局，医学院科学规划，多元投入，营造以专业性、仿真性、开放性、综合性、研究性、创新性为特点的医护实践教学环境。实训基地始终以"为学生创造优良的实训环境，为实践教学提供优质的实训教学服务"为宗旨，不断提高实践教学质量，提高学生的实践能力，以适应社会发展对医护人才的需要。

同学们，在这里，你不仅是一名医学生，也是病人的照顾者、环境的保护者，还将成为评判性思维者、决策者、患者的代言人、科研者、教育者。

这里是与病魔斗争的练兵场，只有在这里练就娴熟技艺，才能在真正的"战场"上胜券在握。

这里更像磨刀石，只有在这里反复磨炼，对抗疾病的钢刀才会变得更加锋利。

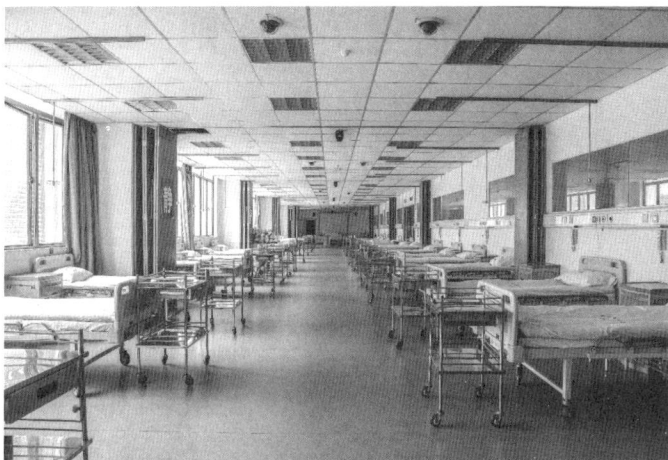

请爱护这里的一切，遵守实训室规章制度，保持实训室安静整洁。

请感谢这里的模拟人，因为它们无私配合着你的操作，默默承受你的失误给它带来的痛苦，甘愿当你的试验品和铺路石。请你像对待真正的患者那样爱护它们，理解它们。

良好的医学人文氛围需要我们共同营造，让仁心仁术充分体现在每一项操作训练中，为成为一名合格的白衣战士奠定基础。

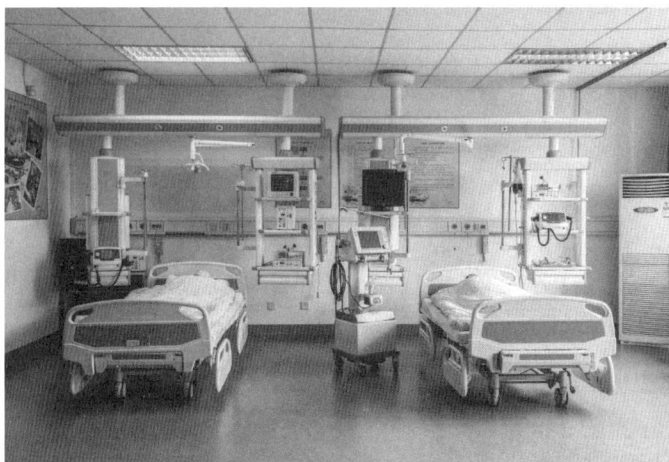

实训室学生守则

（1）实训室是教师、学生从事护理教学和科研活动的重要场所。其设备和用品为学习所必需，所有进入实训室的人员均应爱护和管理。

（2）进入实训室，学生必须按要求着医护服、工作鞋，戴好口罩、帽子，修剪指甲，做到仪表端庄、大方，符合专业规范。

（3）进入实训室，学生应尽快进入医护角色，不得进行与实训教学无关的其他活动。不得坐病床和凳，不得随意离开自己的工作岗位，不得高声喧哗，不得与其他人聊天或谈笑。护理操作中，态度严肃认真，厉行节约，杜绝浪费，保持室内安静，做到走路轻、说话轻、操作轻、开关门轻。

（4）学生的私人物品不得带进实训室，贵重物品请妥善保管好。进入实训室后应尽快进行物品交接，离开实训室前要进行物品清点，保持实训物品完好。

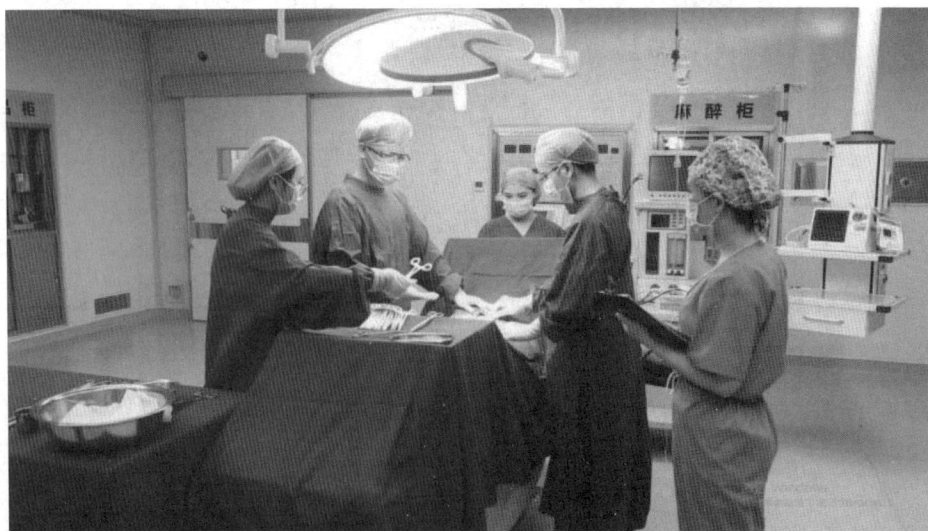

（5）学生必须自觉爱护实训室内的一切公物，包括实验实训设备、器械和操作模型，不得随意拍打嬉戏模型人，若需搬移，需按要求轻抬轻放，如有损坏应及时报告实训中心负责人或带教老师并视情节予以赔偿。

（6）实训室物品未经许可，不得擅自带出教室。操作练习完毕后，及时清点用物，整理、归位使用过的物品，保证实训室的统一规范管理。

（7）注意保持室内整洁、不乱扔垃圾。下课后，值日生必须配合带教老师搞好本实训室的卫生清洁工作，并关好水、电、门、窗。

（8）所有人必须自觉遵守实训室的各项规章制度。对违反以上规定者，将按有关规章制度追究责任。

实训室卫生值日制度

（1）每次实训课结束都需安排值日生打扫卫生，整理用物。离开实训室应随手关灯、关窗、关空调，发现未关则由班级课代表给出打扫人员名单，按规章制度处理。

（2）使用同一个实训室时，3、4节的课代表应检查1、2节课班级的实训室有无脏、乱现象。若有此情况，应及时拍照并发到基护课代表群内。若3、4节课的课代表发现问题后并未采取相应的措施，卫生则由3、4节课班同学打扫。若班级使用实训室后未经打扫就自行离开，一经检查人员发现，请有关的课代表安排同学在12:30之前或16:00之前将本班上课的实训室打扫好。若有不配合、未到的情况，将扣除相应同学的操作考核分并取消个人预约。

制度是随着时代在变化的，你觉得学院的这些管理措施有哪些可以改进的地方？

五
专业领航，追求卓越

　　刚刚步入校园的你可能会好奇：三年时间里，要学哪些课程？有哪些比赛可以参加？有哪些社团可以参加？除了专业还有哪些职业证书可以获取？有哪些荣誉可以争取？接下来，将为你们详细介绍每一个专业。

　　大学一年级，你会学习公共基础课程和一些专业基础课程，预示着你正式步入了医学殿堂。大学二年级，你的专业课程学习正式开启。在理论学习的同时，你也会在实训室学习相关技能操作。为了早临床、多临床和反复临床，专业会为你们设计教学实习、床边教学和各种志愿服务。大学三年级，这时的你经过前两年的学习，已经具备了一定的专业知识和技能，为了更好地为以后的工作奠定基础，接下来根据国家专业教学标准的要求，你会在实习医院进行跟岗实习。根据实习要求轮转多个科室，为不同的病人服务，将学校所学与临床实际工作结合，不断提升自己的综合技能水平，为接下来的执业资格考试和工作打下坚实基础。

　　在专业学习的同时，你可以依据个人爱好和兴趣参加学生社团。学院目前共有 10 个社团，你可以在社团认识志趣相投的好朋友，丰富校园生活，巩固专业知识和技能。此外，求学期间有各类各级大赛，有追求的你只要努力终会有所成就！

　　三年求学生涯，我们一起走！

走进护理专业

一、专业概况

护理专业创办于 1915 年，迄今已走过 100 多年的建设发展历程。护理专业形成了"上善若水，仁心相护"的专业育人文化。伴随高职教育发展的 20 余年，护理专业历经国家示范性专业、教育部《高等职业教育创新发展行动计划（2015—2018 年）》骨干专业、全国职业院校养老服务类示范专业点和省级重点、首批老年照护"1+X"证书制度试点、省级重点专业、省级特色专业、省级优势专业等项目建设，现为学校双高建设"一老一幼一制造"高水平专业群建设核心专业，已成为全国卫生职教领域的领跑专业。在校生"1+X"老年照护、母婴护理考证通过率 100%，国家护士执业资格考试通过率 99.8%；毕业生就业率 99.27%。专业党支部获评"全国高校党建工作样板支部"。护理实训中心是中央财政支持的职业教育实训基地、省级示范性实训基地。护理专业教学团队为国家级职业教育教师教学创新团队，有全国模范教师 1 人、国家万人计划教学名师 1 人、国家级课程思政教学团队 1 支和省级课程思政教学团队 2 支、浙江省"万人计划"教学名师 1 人、浙江省高校优秀教师 2 人，浙江省第四届高等学校教坛新秀 1 人，浙江省高职高专护理专业带头人 3 人，行指委员/专指委员 3 人；校级卓越教学团队 1 个、校级重点学科 1 个等荣誉称号。护理专业是"养老育幼"专业领域方向国家级职业教育教师教学创新团队协作共同体牵头单位；立项省部级以上课题近 60 项。团队联合主持建设国家专业教学资源库 2 个、生产案例库 1 个，入选国家精品课程 3 门、资源共享课 3 门、精品在线开放课程 1 门，主编国家规划教材 19 部，主持制定国家专业教学标准 4 个，入选教育部"首批 1+X 证书制度试点院校—老年照护""第二批 1+X 证书制度试点院校—母婴护理"，成为全国优质教学资源新中心。护理专业获教育部全国职业院校教学能力比赛一等奖 2 项、二等奖 1 项，获省级教师教学能力竞赛一等奖 4 项，二等奖 2 项；获含全国职业院校护理技能大赛在内的全国一等奖 16 项，另获省级一等奖 19 项，展现出教师的高水准教学能力；致力示范引领，获国家级教学成果奖二等奖 2 项，省高校教学成果奖二等奖 1 项、教育部微课比赛二等奖 1 项；完成省部级教科研课题 8 项、厅局级课题 29 项；获批发明专利 2 项，实用新型专利 6 项。专业党支部获评"全国高校党建工作样板支部""全国高校'双带头人'教师党支部书记工作室"。

专业核心课程包括基础护理、健康评估、内科护理、外科护理、妇产科护理、儿科护理、急危重症护理。

二、学生培养质量和毕业去向

近年来，学生在各类竞赛中表现出色，获包括教育部全国职业院校技能竞赛一等奖在内的国家级奖项 6 项，获中国国际"互联网+"大学生创新创业大赛职教赛道金奖；入选全国百强暑期实践团队、全国百强学生社团、全国就业创业典型人物等荣誉 5 项。

在校生"1+X"老年照护考证通过率 100%、母婴护理考证通过率 100%；毕业生国家护士执业资格考试通过率 99.8%；毕业生就业率 99.27%、社会保障水平 0.9034、职业稳定度 95.42，显现出强劲的就业竞争力。

护理人才短缺是我国、我省护理行业面临的严峻问题。随着社会人口结构的变化，医疗机构、社区、养老、居家护理服务体系等对护理人员的需求日益增多，行业对各学历层次的护理人员需要大大增加，护理专业毕业生就业形势乐观，就业率高，就业质量好。近几年的初次就业率分别为：2021 届 97.21%；2020 届 95.87%；2019 届 97.96%；2018 届 96.80%；2017 届 94.35%。主要发展方向岗位有临床护理、社区护理、养老护理、升学深造等。

1.临床护理

临床护理在各级医疗机构的门诊部、急诊科从事病人接诊、治疗、救护及转运工作，能完成各项基础护理、专科护理、应急救护及重症监护等工作，能对临床病人实施身心整体护理，并对病人和家属进行健康教育和康复指导等工作。

2.社区护理

社区护理在各级社区卫生服务机构，面向社区居民，包括个人、家庭和社区的健康人群和病人，建立健康档案，从事辅助治疗、健康教育、健康咨询、疾病预防及突发公共卫生事件处置等相关工作。

3.养老护理

养老护理在各级各类养老服务机构，为老年人群（健康人群、患病者、临终者）提供常见疾病的预防保健、长期照护和康复护理，老年人健康管理与健康促进，以及各种慢病管理、临终关怀和健康教育工作。

4.升学深造

在国内外院校继续攻读本科、研究生。

三、核心课程介绍

1.基础护理（136 学时）

教学内容与要求：根据工作任务分析及临床各科通用护理技术，选择课程内容，包括护理基本理论及常用护理技术，如入院护理、安全护理、清洁护理、饮食护理、排泄护理、生命体征的测量与记录、冷热应用、改善呼吸功能护理、给药技术、静脉输液输血护理、出院护理等教学项目。

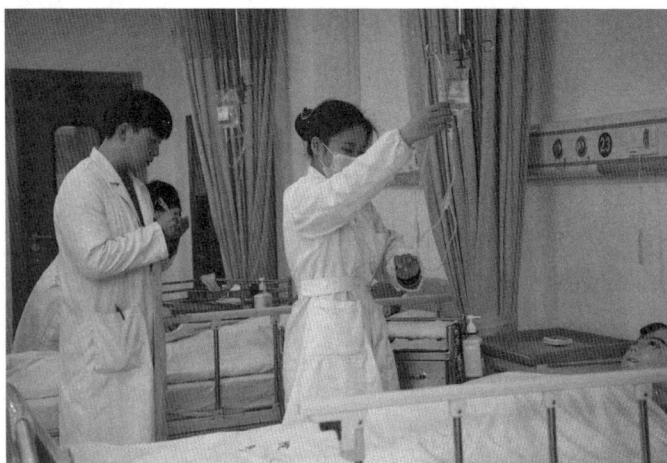

教学方法与评价：采用线上线下相结合的混合式教学法，如案例教学、情境教学、角色扮演、仿真综合训练等方法，帮助学生树立劳动意识，培养学生分析问题、解决问题的能力，提升学生综合护理能力和团结协作能力。评价采用形成性考核与期末考核相结合的方式，形成性考核占 40%，期末考核占 60%。

教学资源：智慧职教 MOOC 学院、全国护理专业资源库等线上资源。

2.健康评估（64 学时）

教学内容与要求：以工作任务为主线组织课程内容，包括健康资料采集、常见症状评估、心理社会评估、功能性健康形态评估、身体评估基本方法、一般状态评估、皮肤和淋巴结评估、头面部和颈部评估、肺脏评估、心脏评估、腹部评估、脊柱与四肢评估、神经系统评估、心电图检查、实验室检查、影像检查等学习项目。

教学方法与评价：以任务为驱动，项目为导向，教、学、做一体化教学。采用互动式教学、角色扮演、案例教学、项目小组工作等方法教学。评价采用形成性考核与期末考核相结合的方式。其中形成性考核 50%，期末考核 50%。

教学资源：微课、微视频的线上课程资源，以及高级仿真模拟人、智能化健康评估实训室等。

3. 内科护理（120 学时）

教学内容与要求：以各系统常见疾病为主线选择教学内容，包括呼吸系统、循环系统、消化系统、泌尿系统、血液及造血系统、内分泌代谢疾病、神经系统疾病患者的护理等。掌握常见内科疾病的病因、发病机制、治疗方法、护理要点和健康教育，以及与疾病相关的实验室、其他检查方法和护理。

教学方法与评价：线上线下相结合的混合式教学法，如案例教学、情境教学、临床见习等。评价采用形成性考核与期末考核相结合的方式，形成性考核占 50%，期末考核占 50%。

教学资源：全国护理专业资源库课程资源、智慧职教 MOOC 学院资源、高级仿真模拟人等教学资源。

4. 外科护理（108 学时）

教学内容与要求：根据护士考试大纲要求，选择体液失衡、休克、感染、肿瘤、损伤以及各系统常见外科疾病为教学内容。掌握常见外科疾病的病因、发病机制、治疗方法、护理要点和健康教育，以及与疾病相关的实验室或其他检查方法和护理。

教学方法与评价：线上线下相结合的混合式教学法，如模拟演示、案例导入、标准化病人、临床见习等。评价采用形成性考核与期末考核相结合的方式，形成性考核占 50%，期末考核占 50%。

教学资源：全国护理专业资源库课程资源，仿真医院外科病房、仿真医院手术室、教学医院等教学场所。

5. 妇产科护理（56 学时）

教学内容与要求：以工作任务为主线组织课程内容，设置正常妇婴护理技术、异常妇婴护理技术、妇科疾病护理和计划生育妇女的护理技术 4 个教学项目。学习任务包括孕前咨询及优生保健护理、妊娠护理、分娩护理、产褥期的护理、正常新生儿护理，妊娠期并发症、妊娠期合并症、异常分娩、分娩期并发症、产后并发症妇女的护理，女性生殖系统炎症、女性生殖系统肿瘤、妊娠滋养细胞疾病患者的护理等。

教学方法与评价：教学方法包括案例教学、实训室仿真模拟演示、角色扮演、仿真实训等。评价采用形成性考核与期末考核相结合的方式，形成性考核占 50%，期末考核占 50%。

教学资源：微课、微视频的线上课程资源，仿真医院助产技能实训区、教学医院等教学场所。

6.儿科护理（64 学时）

教学内容与要求：以儿童生长发育与常见疾病为主线选择教学内容，包括生长发育、儿童保健、儿童营养、常用儿科护理技术操作、疾病新生儿的护理、营养障碍性疾病患儿的护理、各系统常见疾病患儿的护理、常见传染病患儿的护理、常见急症患儿的护理等教学项目。

教学方法与评价：线上线下相结合的混合式教学法，如情境教学、案例教学、临床见习、仿真技能实训等。评价采用形成性考核与期末考核相结合的方式，形成性考核占 50%，期末考核占 50%。

教学资源：全国护理专业资源库课程资源，职教云网络课程，仿真医院新生儿病房、儿科病房、教学医院等教学场所。

7.急危重症护理（48 学时）

教学内容与要求：以临床案例为载体，以危重患者的救护程序为主线设置院前急救、院内急诊和ICU监护等教学项目。教学内容包括心跳呼吸骤停、创伤、气道梗阻和常见意外伤害患者的现场急救，心跳呼吸骤停、创伤、中毒和常见危重患者的院内救护，心肺复苏后、多脏器功能衰竭和常见大手术后患者的ICU监护等，全程融入劳动教育。

教学方法与评价：线上线下混合式教学，采用案例教学、角色扮演、实景化教学、PBL、情景剧教学等方法。评价采用形成性考核与期末考核相结合的方式，形成性考核占 50%，期末考核占 50%。

教学资源：智慧职教 MOOC 学院、爱课程等优秀线上资源，仿真医院急诊室、仿真医院 ICU、急救现场（虚拟）、教学医院等教学场所。

8. 毕业实习（816 学时）

实习内容与要求：实习总时间为 34 周，内科、外科、妇产科、儿科、手术室、急诊科、ICU 等每科不少于 2 周。实习期间学生须服从指导教师及实习单位的工作安排，在临床带教老师指导下完成实习内容，参与科室教学查房、业务学习，勤做笔记及实习手册，按学校要求，通过后期实习管理平台递交各种资料。

教学场所：附属医院、教学医院、社区、老年护理院。

组织方式与评价：实行学校和实习单位的双重管理与评价。学校主要制订实习大纲、实习计划，定期走访实习单位，进行教学检查、巡回讲课、出科考核等。实习单位据学校实习大纲和计划，安排带教老师，负责各科室实习结束的出科考核、毕业实习综合评价，分别占 20% 与 30%。学校出科考核及毕业考试成绩共占 50%。

四、专业开展的考证培训

1. 教育部"1+X"职业技能等级证书

此类证书由中华人民共和国教育部发布，人社部和民政部全部认可，由教育部指定公司统一组织培训和考试。目前，护理专业开展的是老年照护和失智老年人照护两个证书的培训和考证。金华职业技术学院就是证书培训基地和考点，学校的护理老师大多是培训师资和考评员。

考取"1+X"老年照护（中级）和失智老年人照护（中级）职业技能等级证书有什么作用呢？首先，在目前社会老龄化的背景下，学生学习老年照护和失智老年人照护的知识和技能，获取证书证明其有一技之长，具有老年照护的能力。其次，学生找工作时，有更多选择的机会，现在很多高端的养老机构非常需要有能力、有经验的护士去做管理人员。护理专业很多老师自己除了有教师资格证书和护士执业证书，也考了老年照护、养老护理员等证书。最后，这些考核项目和"养老护理员""健康照护师""健康与社会照护""护理技能"等比赛都是对接的。护理2016班徐剑浩同学就在老年照护学习的基础上，2021年参加了人社部组织的全国第一届乡村振兴养老护理员比赛，并获得了银奖，在2022年全国职业技能大赛护理技能赛项中荣获一等奖。

目前，我们将"1+X"老年照护（中级）和失智老年人照护（中级）职业技能等级证书考试内容融入"老年护理""失智老年人照护"等相关课程中。只要同学们按照老师授课进度学习，并参与考前训练和模拟考试，就可以通过考试，取得相关证书。2022年"1+X"老年照护（中级）和失智老年人照护（中级）项目，在老师和同学的共同努力下，考证通过率达到100%。学校还制定了以证代考制度，也就是说，通过"1+X"证书考试的同学，相对应的"老年护理"或"失智老年人照护"期末考试免考，成绩评定为优秀等级。

因为学校经费有限，每年参加考证的名额是有限制的，需要通过理论和技能选拔，遵循择优原则，确定最终参加考证的同学名单。

（1）教育部"1+X"老年照护职业技能等级证书（中级）分老年照护初、中、高三个级别，分别对应养老服务机构中老年照护三个层次的岗位。初级对应护理员一线岗位，中级对应护理主管岗位，高级对应护理部主任岗位。工作技能从老年疾病的临床护理扩大到老年人的生理、心理、健康管理和预防保健，突出了以人为中心的长期照护模式。

老年照护中级学习九个工作领域知识和技能：职业发展、照护服务组织、照护服务实施、用药照护、心理照护、功能障碍认知、失智老年人照护、应急救护、安宁照护等，涵盖了养老机构中层护理管理人员的岗位需求和职业技能要求。

理论考试在计算机上进行，考试题型为单选题、多选题和判断题；技能考核为实际操作，两项考试都达到60分及以上可获取证书。

（2）教育部"1+X"失智老年人照护职业技能等级证书（中级）：主要面向失智老年人家庭、居家养老、社区养老机构、养老院等职业或岗位。

失智老年照护主要学习失智老年人健康环境与安全照护、营养与心理照护、失智预防与健康照护、情绪环境与安全照护、认知功能促进、活动功能维护、日常生活照护、家庭与社会生活照护、清洁卫生照护等工作，从事中度失智老年人失智与健康促进、认知与活动功能维护、失智与身体综合照护等工作。

理论考试和操作技能考试均在计算机上进行，考试题型为单选题、多选题和判断题，两项考试都达到60分及以上可获取证书。

2.美国心脏协会（AHA）初级生命支持（BLS）证书

美国心脏协会（American Heart Association，AHA），是全球公众急救培训最权威最标准化的机构，其颁发的急救证书在全球188个国家都被认可。金华职业技术学院 AHA 急救培训中心成立于2015年，是金华地区第一家被美国 AHA 授权，按照国际标准从事公众及专业人员急救培训的认证机构，目前开设 BLS、HS急救认证课程，旨在推广急救相关技术的普及。其中 Heartsaver（First Aid CPR AED）基础急救课程适合没有任何医疗背景的普通大众学习，适用范围广。医学院继续教育部会不定期发布培训通知，给参加半天培训并通过考核者，颁发AHA认证的国际救护员证（有效期2年），证书具有全球唯一识别码，国际认证，全球通用。

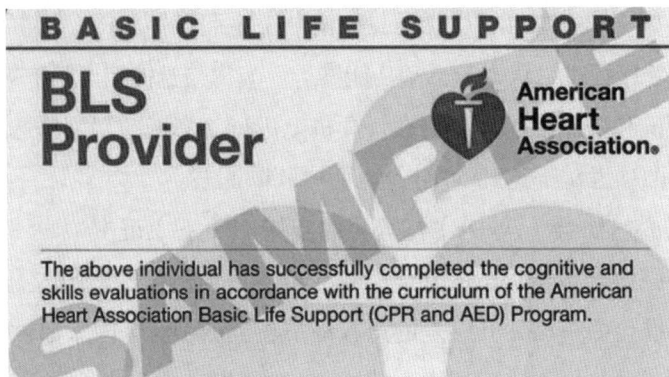

五、专业相关的科技竞赛

1.护理技能竞赛

护理技能竞赛为护理专业相关的经典赛项。自 2012 年全国职业院校技能大赛以来，我校护理专业几乎每年参赛。比赛包括理论和技能，引导护生崇尚严谨细致、精益求精的职业精神，培养具有临床决策能力、综合护理技术操作能力、人际沟通能力、团队协作能力和较强岗位胜任力的临床护理人才。理论主要对接护士执业资格考试。操作分赛道进行，第一赛道竞赛项目为"呼吸心脏骤停患者救护"，含双人心肺复苏、心电监测、静脉留置针输液 3 项技术操作。第二赛道竞赛项目为"脑卒中气管切开患者气道护理"，含气道湿化、翻身叩背、吸痰 3 项技术操作。感兴趣的同学每年都有机会加入集训队，集训的学生可以在医学院最好的仿真实训室，享受护理专业乃至医学院最优秀的师资团队的培训和培养，在知识、技能、素养上得到极大的提升，为之后的实习、入职以及入职后的职业生涯积淀竞争优势。

2.健康与社会照护赛项

健康与社会照护赛项与世界技能大赛接轨，参照世界技能大赛的赛项技术标准举办。本赛项采用单人竞赛模式，竞赛内容涉及范围广，包括健康照护师相关的医学基础知识、基础照护知识与技能、老年护理、中医护理知识与技能等领域，且比赛过程非常灵活，考查选手的综合能力。赛项包括医院、社区、机构及居家四个模块，由照护计划竞赛区、实际照护竞赛区和健康教育海报或反思报告竞赛区三个竞赛流程构成，通过评估、计划、实施和评价等护理程序，完成照护计划书写、实际照护、制作健康教育海报或撰写反思报告。考核参赛选手的文字表达能力、健康海报设计能力、实践操作能力、沟通交流能力等综合职业能力和职业素质。

本赛项辅导团队由具有海外留学经历的教师、以博士为主的优秀教师组成。学生参加此赛项的集训和比赛后，不仅能开阔国际视野，还能提高自身的综合职业能力和就业竞争力。英语好的同学还能参加世界技能大赛的选拔赛，获得走出国门的机会。

走进助产专业

一、专业概况

　　助产专业创办于 1953 年，形成了"上善若水，护航母婴"的专业育人文化。1952 年，浙江省政府决定将金华福音护士学校和浙江省立金华医院卫生技术学校合并，成立浙江金华卫生学校，学校开设了助产专业。2001 年，学校开设大专层次的妇幼卫生保健专业，2003 年更名为助产专业直至今天，是国内较早开设助产专业的学校之一。本专业是首批母婴护理"1+X"证书制度试点、在校生"1+X"母婴护理考证通过率 100%；国家护士执业资格考试通过率 100%；毕业生就业率 99.27%；专业党支部获评"全国高校党建工作样板支部"称号。在浙江省助产专业首届"天堰杯"学生职业技能大赛上，我校选派的 5 名选手取得了一等奖 2 项、二等奖 3 项的佳绩。2021 年，助产专业两名学生参加浙江省乡村振兴技能大赛获得第一名和第四名的好成绩。2021 年，助产专业教师获校青年教师教学能力大赛一等奖一名，获金华市红十字会急救培训教学竞赛一等奖和浙江省红十字会教师教学竞赛二等奖各 1 项。2021 年和 2022 年由助产专业牵头的母婴护理教学团队先后获得浙江省教师教学能力竞赛一等奖和特等奖，2022 年获国家教师教学能力竞赛一等奖。近几年来，助产专业省级科研项目立项 3 项，市级重点课题 1 项，一般课题 2 项，横向课题 2 项，省级校企合作教改课题 1 项，校教改课题 4 项，累计科研到款 54 万，获批发明专利 2 项，实用新型专利 3 项；发表 SCI 论文 6 篇，北大核心论文 3 篇。专业获浙江省自然科学学术奖三等奖 1 项，浙江省优秀论文奖二等奖 2 项、金华市优秀论文一等奖 1 项、三等奖 2 项，金华市青年科技奖 1 项，科研成果获金华市科技进步二等奖 1 项、三等奖 1 项。教师主编教材 6 本，其中"十三五"职业教育国家规划教材 2 本，浙江省重点教材 1 项。

专业校内实训基地为浙江省高校校内示范性实践基地，建筑面积 1.6 万平方米（其中助产专业实践基地面积约 300 平方米，拥有多功能 LDR 分娩实验室、助产技能实训室、新生儿沐浴室、儿科实训室，教仪设备价值 300 余万元），教仪设备总值 2350 万元，可供 200 余名学生同时开展"教学做评"一体化实训。助产专业校外实训包括：①在第四学期依托金华市四家医院（金华市中心医院、金华职业技术学院附属医院、金华市妇幼保健院、金华市文荣医院）的产科开展分散见习活动和妇科集中见习教学活动。②第五、六学期开展为期 37 周的毕业实习，实习医院包含上海交通大学附属新华医院，浙大医学院附属妇产科医院，温州医科大学附属第一、第二医院，金华市中心医院，金华市人民医院，宁波市妇女儿童医院，绍兴市妇幼保健院，湖州市妇幼保健院，台州市中心医院，嘉兴市妇幼保健院等省内外 30 余家医院。

助产专业属于护理专业的分支专业，与我院护理专业共享师资队伍。2016 年，护理（助产）专业入选首批全国职业院校养老服务类示范专业点。本专业联合主持开发国家职业教育护理专业教学资源库，研发了教育部立项的《护理专业企（行）业生产实际教学案例库》，建成了国家精品在线开放课程 1 门、国家精品课程 2 门、国家精品资源共享课 2 门、省级精品在线开放课程 3 门、省级精品课程 5 门、中国医学教育慕课联盟规划课程 3 门。助产专业建有职教云 MOOC 平台在线开放课程 2 门。本专业师资队伍雄厚，目前在编教师 11 名，双师职称 90%，教授 1 名，副教授 2 名，主任医师 1 名，副主任医师 3 名，硕士以上学历占 80%。浙中产科区域专病中心学科带头人，浙江省医学会围产医学分会常委，金华市医学会围产医学分会副主委徐秋莲主任医师为兼职专业带头人。专业聘请浙江大学医学院附属医院和金华职业技术学院附属医院多名产科专家、助产专家、儿科专家为兼职教师。

专业核心课程包括基础护理、健康评估、内科护理、外科护理、助产技术、妇科护理、儿科护理、母婴护理。

二、毕业去向

我国助产士与产科床位严重不足，尤其是中西部地区。《医药卫生中长期人才发展规划（2011—2020 年）》与《卫生部贯彻 2011—2020 年中国妇女儿童发展纲要实施方案》，明确指出要加强助产士队伍建设，强化助产教育。三孩政策出台，我国又将面临一个生长高峰，而从事助产专业的专业人才甚少，很多仍是护理专业人员替代助产专业人员。随着国家的卫生规范化管理及医疗改革制度的实施，助产专业人员需要持证上岗，助产专业就业也较为乐观。随着《健康中国 2030》规划纲要的实施，大健康战略催生母婴护理等需求，月子护理、产后康复等需求呈爆发性增长，助产专业毕业生的就业市场将进一步扩大。

助产专业毕业生近三年的平均就业率超过 98%，当年执业护士资格证书通过率为 100%，连续三年实现在上海交通大学附属新华医院实习后全部留用。用人单位满意度高，就业岗位主要分布在各级综合性医院（包括三级医院等）、市县级妇幼保健院、各类产科专科医院、计划生育指导站等医疗机构的妇产科护理及其他临床各科护理岗位。毕业生也可在母婴保健机构从事护理和管理工作。主要发展方向包括以下几方面。

1.产房助产

毕业生能进行产前保健、产程监护、正常分娩接生、产科危重症患者监护与急救处理，协助医生进行新生儿窒息复苏及新生儿产房护理等。

2.产科病房和门诊护理

毕业生能进行母婴同室常规护理，包括子宫复旧护理、切口疼痛护理、乳房护理、会阴部护理、母乳喂养指导、营养护理、新生儿护理、健康宣教、心理护理等。

3.妇科病房及门诊护理

毕业生能在各级医疗机构妇科病房，对妇科常见疾病的住院病人进行整体护理；能运用人际沟通技巧对妇科病人进行心理护理。在各级医疗机构妇产科门诊，从事孕前咨询、围产期健康指导、产前检查及产后康复，能对妇科常见疾病进行健康指导，能对妇科门诊手术及计划生育手术等进行护理配合。

4.其他临床护理

毕业生能在各级医疗机构内科、外科、儿科及其他临床科室从事病人接诊、治疗、救护及转运工作，能执行各项基础护理、专科护理、应急救护及重症监护等工作，能对临床病人实施身心整体护理，并对病人和家属进行健康教育和康复指导等工作。

5.母婴护理

毕业生能在各类母婴保健机构（如月子中心、产后保健机构等）和社区从事产前保健、产后康复护理、新生儿护理等工作。

6.升学深造

毕业生在国内外院校继续攻读本科、研究生。

三、核心课程介绍

1.健康评估（64学时）

课程内容包括健康史采集与评估，如皮肤、淋巴结、头面部、颈部、肺、心脏、腹部、脊柱、四肢、神经等部位的评估和信息采集；掌握常见的社会、心理评估方法；了解各种辅助检查结果的临床意义；进行各种实验标本采集及检查前后的护理；心电图检查操作、正常性心电图及常见心律失常心电图波形；护理问题查找、护理计划制订及护理病史的规范书写。

2.基础护理（136 学时）

课程内容包括医院和住院环境、入院和出院护理、舒适与安全护理；医院感染的预防和控制、病人的清洁卫生、生命体征的观察与护理；饮食护理技术、排泄护理技术、给药技术、药物过敏试验技术、静脉输液和输血技术、冷热疗技术；危重病人的病情观察及抢救技术、临终病人的护理技术；病案管理与护理文件的书写。

3.内科护理（100 学时）

课程内容包括内科常见疾病的概念、病因、发病机制、临床表现、辅助检查、治疗原则、护理诊断及护理措施、护理评价和健康教育，以及呼吸系统、循环系统、血液系统、消化系统、泌尿系统、内分泌系统、神经系统疾病病人的护理等学习任务；常见疾病的病情观察、预防措施、健康教育和保健指导，运用护理程序诊断和处理内科常见疾病病人的健康问题。

4.外科护理（100 学时）

课程内容包括体液失衡、外科休克、麻醉、手术前后、手术室、外科感染、肿瘤、损伤病人的护理；外科常见疾病包括颅脑疾病、颈部疾病、乳房疾病、胸部损伤、肺部疾病、胃和十二指肠疾病、肝脏疾病、胰腺疾病、周围血管疾病等疾病的概念、病因、发病机制、临床表现、辅助检查、治疗原则、护理诊断及护理措施、护理评价；双气囊三腔管、造口护理等专科护理技术，运用护理程序对病人进行正确的手术前、手术中和手术后护理。

5.助产技术（154 学时）

课程内容包括正常妊娠的护理、正常分娩的护理、正常产褥期的护理、正常新生儿的护理、异常妊娠的护理、异常分娩的护理、分娩期并发症的护理、正常产褥、异常产褥的护理等教学项目；认识女性生殖系统解剖及生理，能对妇女的正常妊娠、正常分娩、异常妊娠、异常分娩、分娩并发症及正常新生儿进行处理及护理；掌握妊娠期特有疾病、异位妊娠、多胎妊娠、胎膜早破及羊水量异常病人的护理，能对孕产妇进行有效的健康教育。

6.妇科护理（72 学时）

课程内容包括妇女健康评估、妇科炎症、妇科肿瘤、妇科滋养细胞疾病、月经失调、妇科常见疾病的病因、病理知识，熟悉妇科常用特殊检查及护理配合，妇科常见疾病病人的护理评估、护理问题、护理措施和健康指导等；能运用护理程序对妇科常见病病人进行全方位的整体护理，运用人际沟通技巧对妇科病人进行心理护理、健康教育；能进行妇科手术病人术前、术后的整体护理。

7.儿科护理（64 学时）

课程内容包括生长发育、儿童保健、儿童营养、常用儿科护理技术操作、疾病新生儿的护理、营养障碍性疾病患儿的护理、各系统常见疾病患儿的护理、常见传染病患儿的护理、常见急症患儿的护理等教学项目；了解儿童常见疾患的病因、病理知识，熟悉儿童常见疾患护理评估、护理问题、护理措施制订和实施原则，护理效果的评价方法。能运用护理程序对儿童常见疾病病人进行专科护理，并进行有效的健康教育。

8.母婴护理（32 学时）

根据母婴护理工作任务分析及技能考证要求选择课程内容，包括孕前保健、妊娠护理、分娩护理、产后护理等学习任务；掌握孕前准备、孕妇护理、产妇护理、新生儿护理、高危产妇及新生儿救护、母乳喂养、新生儿抚触及智护训练等专业知识和专业技能；熟悉互联网＋居家产后照护，能为孕妇、产妇、新生儿、婴儿提供针对性照护和照护训练的专业能力。

9.毕业实习

毕业实习是助产专业人才培养的重要教学阶段。通过毕业实习，学生能进一步巩固和加深所学理论知识，掌握本专业的基础理论、基本技能，热爱护理专业，培养和蔼端庄的仪态、严谨、勤快的作风，良好的职业道德，能运用所学知识分析和解决工作中的问题，达到执业护士的要求。毕业实习内容包括内科、外科、妇产科、儿科等科室，实习总时间为36周（其中妇产科实习共23周）。毕业实习实行学校和实习单位双重管理。

四、专业开展的考证培训

1.教育部"1+X"职业技能等级证书

此类证书由中华人民共和国教育部发布，人社部和民政部全部认可，由教育部指定公司统一组织培训和考试。目前助产专业开展的是母婴护理和产后恢复两种证书的培训和考证。金华职业技术学院是首批证书培训基地和考点，培训师资和考评员由学校助产专业和师范学院早教老师担任。

"1+X"母婴护理职业技能主要为孕产妇、新生儿、婴儿（0—1岁）提供生活照料、专业护理的服务活动和提供婴幼儿早期教育服务。其职业技能内容是对助产专业技能的拓展和完善，是对服务技能的提升和具体化，有利于助产专业学生拓展就业范围和提高临床服务能力。助产专业学生每届有50名同学在第三学期可以免费考取母婴护理"1+X"职业技能证书，时间定在每年的12月上旬。今后助产专业还将举办产后恢复"1+X"职业技能证书考试来满足同学们考证的需求。

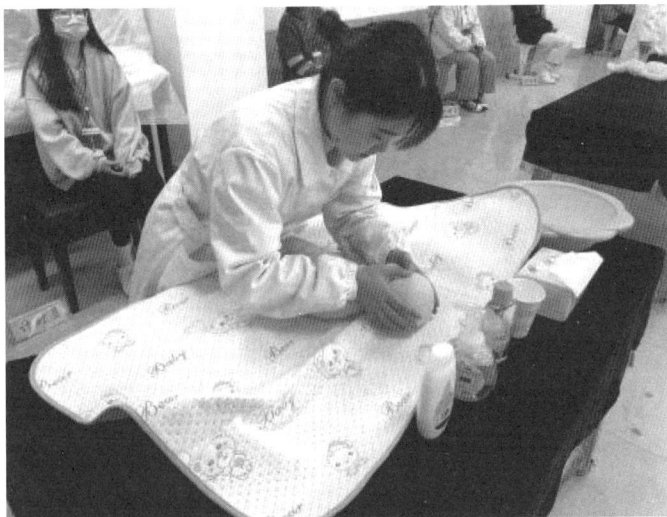

2.人社部职业技能等级证书——育婴员

育婴员是指在0—3岁婴幼儿家庭从事婴幼儿日常生活照料、护理和辅助早期成长的人员，是一种婴幼儿教育与护理相融合的育儿技能，是一门深受家长的喜爱的职业技能。金华职业技术学院是金华市人社局认证的育婴员职业技能等级认定机构和学员培训点，助产专业学生可以在学校期间依次考取中级或高级证书，并且可以在毕业当年获得政府补贴。助产专业2019级学生吕佳美和蒋心如同学参加浙江省乡村振兴育婴员技能比赛中获得了第一名和第三名的好成绩，并且获得代表浙江省参加国赛的资格。

不管是母婴护理、育婴员还是产后恢复技能，都是课证融合型技能，在儿科护理、母婴护理和助产技术等课程中均已融入这些技术。因此，助产专业的学生是非常适合考取这些证书的。

3.美国心脏协会（AHA）初级生命支持（BLS）证书

助产专业的学生也可考取BLS证书。

走进中药学专业

一、专业概况

中药学专业创建于 1972 年，为省内最早创办的中药学专业，2018 年被评为浙江省高水平专业。专业创办 50 多年来，为省内外医疗机构、制药企业、医药营销及管理部门培养了近三千名专业实用型人才。很多毕业生秉承了中药学专业的优良传统，成为单位业务骨干；也不乏高层管理者，甚至有资产过亿的企业老总。还有部分学生则通过自身努力，获得硕士、博士等文凭，在学术上有所建树，成为研究型人才。

专业一直坚持每年两周的中药野外药用资源考察学习。在中药鉴定与中草药识别方面，学生实践操作能力一直位于我省同类院校前列。在 2010 与 2012 年度全国医药行业特有职业技能竞赛中药调剂员（学生组）中分获个人一等奖及优秀团队一等奖；2016、2017、2018 在全国职业院校技能大赛高职组中药传统技能比赛中蝉联个人一等奖；2020、2021 获中国国际"互联网+"大学生创新创业大赛职教赛道金奖、银奖各 1 项，实现浙江省高职类院校"互联网+"大赛金牌零的突破。专业主持国家级课题 1 项、省部级课题 5 项、厅局级课题 10 余项，授权发明专利 6 项，实用新型专利 12 项。

本专业主要就业方向包括在各级医院药房及社会药房从事中药调剂工作；在制药及药品经营企业、药品检验机构、药品管理机构从事中药检验、质量控制、药物制剂、生产管理、药品营销等工作。

学生可以参加浙江省统一的"专升本"考试，进入浙江中医药大学、温州医科大学同济学院、浙江科技学院、台州学院、浙江万里学院等本科学校的中药及相关专业继续深造。

学生可以运用自身所学知识，结合现代信息技术，进行中药材种植、加工、销售等行业的自主创业，也可投身保健、养生等行业进行自主创业。

二、主干课程

1.中药学

本课程总课时 72 学时，全为理论课时。

课程目标是通过课程的理论学习，熟练掌握约 150 种重点中药的性味、功效和应用，并了解和熟悉 230 种其他常用中药的性味、功效和应用，使学生具备能够熟练应用中药理论知识及技能，为今后的工作奠定基础。

教学内容：教学内容分总论、各论两部分。总论重点讲授中药的性能和中药的应用。各论收载常用中药 380 余种，其中重点药 150 种左右，其余药物供学生参考。

教学方法：本课程以课堂讲授为主，力求生动活泼，简明扼要，通俗易懂，不引或少引旁证。采用布置作业，组织讨论，加强辅导等方法，既要抓好平时教学，又要重视单元复习和总复习。为了使学生能牢固地掌握所学的中药知识，以观看中药标本的直观教学方法，开展教学。

评价方式：教学效果评价采取过程评价（学习态度、作业、实训报告、阶段性测验等）占40%与结果评价（期末理论考核）占60%的方式，通过理论与实践相结合，重点评价学生的职业能力。

2.中药化学

本课程总课时70学时，包括理论37学时、实验33学时。

课程目标：通过本课程学习，学生能够胜任中药制药提取岗位的工作，能完成中药活性成分的提取分离、检识任务。在教学过程中针对中药学专业职业特点，培养学生用实事求是的科学态度观察、分析和解决问题的能力；用理论联系实践，培养学生在实践中具有良好的协作精神，为学习后续专业课程和将来从事相关工作打下必要的基础。

教学内容：为使学生掌握中药化学知识与技能，课程通过教学单元，采用理论与实验相结合的方式教学。教学内容包括常用的提取分离鉴定方法和技术、各类化学成分的介绍、海洋中药介绍、中药活性成分的研究、中药标准提取物。

教学方法：本课程在教学设计上以3种方式为主：第一种以各类有效成分为中心，根据它的结构特征、理化性质、提取分离及鉴定进行理论教学，主要让学生理解掌握各类化学成分的性质、提取分离及鉴定方法。第二种以技能为中心，根据不同的有效成分提取分离实例设计教学情境，主要培养学生的动手操作能力，加深学生对理论知识的理解。第三种以小组为实训单位教学，主要培养其团结协作能力和沟通交流的能力。

评价方式：教学效果评价采取形成性考核（学习态度、作业、实验技能、阶段性测验等）与期末理论考核相结合的方式，通过理论与实践相结合，重点培养学生的实践操作能力。

教学资源：建立了"中药化学"学习网站，网站上有本课程的教学大纲、实验指导、教案、多媒体课件、题集等学习资料。网站与校园局域网连接，实现了课程的在线学习、辅导、答疑、师生无纸化交流等功能。

3.中药调剂技术

课程总课时48学时，包括理论36学时、实验12学时。

课程目标：通过本课程的教与学，力求使理论与实际相结合，不仅培养了学生具有方剂调配、审方、仓储等方面的基本理论、基本知识和基本技能，而且培养了学生独立分析和解决问题的能力及互助协作的团体意识。

教学内容：课程根据学生在医院药房或社会药房工作时所需的知识与技能进行设计和实施，突出对学生职业能力的训练。理论知识的选取紧紧围绕工作任务完成的需要来进行。教学内容包括调剂必备知识与处方审核、调剂操作技术、中药贮藏与养护。

教学方法：项目设计以学生如何运用所学的知识进行正确规范的调剂操作为线索来进行。教学过程中，要通过校企合作，校内实训基地建设等多种途径，采取工学结合、半工半读等形式，充分开发学习资源，给学生提供丰富的实践机会。

评价方式：教学效果评价采取过程评价与结果评价相结合的方式。通过理论与实践相结合，重点评价学生的职业能力。形成性考核占课程总成绩的50%，终结性考核占课程总成绩的50%。

4.中药鉴定技术

课程总课时96学时，包括理论60学时、实验36学时。

课程目标：通过"中药鉴定技术"的学习，学生应掌握中药质量评价的基本方法和技能；掌握100种常用中药的基源、性状特征、显微鉴定特征、理化鉴定方法等，具有对中药品种和质量（真、伪、优、劣）独立分析鉴定和解决实际问题的能力，了解制定规范化的中药质量标准以及寻找新药等的理论知识和实践问题。

教学内容：中药鉴定技术是一门应用学科。因此，除以课堂教学为主要教学形式，还要重视实践教学与设计性实验。根据教学大纲，结合就业和考证目标，在内容的编排上，重视基本理论、基本方法和基本技能的教学，重点讲述

100 多味常用中药材、贵重中药材及其饮片的真伪、优劣鉴别，使学生能够运用所学知识，对常见中药材、贵重中药进行真伪、优劣鉴定，甚至设计中药的真伪鉴别、品种整理、质量评价方法。

教学方法：在理论教学过程中，根据中药材不同类型鉴别特征的差别，灵活地运用直观式教学、讨论式教学、比较式教学、启发式教学，四者巧妙地结合，效果较好，并与实验课、野外采药三者紧密结合，实现本课程的理论与实践的有机结合。将多媒体等现代教学手段与传统教学手段相结合，完成本课程教学内容。

评价方式：教学评价中过程评价（学习态度、作业、实训报告、阶段性测验等）与结果评价（期末理论考核与实践技能考核）各占 50%，注重理论与实践相结合，重点评价学生的职业能力。

教学资源：药材标本展室收集中药标本 1000 多种，伪品 400 余份。展室包括常用中药材标本区、贵重药材标本区、伪品区等，是多功能的教学场所。展室经常对学生开放，可强化快速识别药材的技能，建立了"数字百草园"和"数字标本馆"，便于学生线上线下混合式学习。

5.中药制剂技术

课程总课时 90 学时，包括理论 45 学时、实验 45 学时。

课程目标：通过本课程的学习，学生能够说明常用中药剂型的概念、特点，熟练掌握常用中药剂型的制备工艺、质量控制的方法，会应用中药制剂常用的辅料，熟悉其特点，理解与生产投料有关的计算公式，熟悉中药制药设备的结构，初步学会常用制药设备的使用，了解生物药剂学与药动学的基本知识，并紧密跟踪当代的新型药物剂型、新技术及中药制剂技术发展现状和方向，树立生产过程是中药制剂质量事前控制的重要理念。同时培养学生严谨的学习态度和科学作风、良好的职业道德以及团队合作精神，训练学生获取知识和信息的能力，为学生走向工作岗位奠定坚实的基础。

教学内容：本课程的主要内容包括中药常见浸出制剂、固体制剂、液体制剂、半固体制剂的生产技术、工艺质量控制、产品质量预见和解决等方面。

教学方法：项目设计以各类中药物制剂的制备与质量控制为线索来进行，在内容的编排上，由浅入深，将各个单元基本操作融入具体的剂型制备中，如将粉碎、过筛、混合编入散剂的制备中讲述。教学过程中，通过中西药技术实训中心的实训，网络资源、教材的编写、药物制剂技术实训指导校级教材编写多种途径，采用课堂教学、案例教学、多媒体教学、现场教学、实践教学体系改革、综合技能实训改革，通过校企合作，工学结合等形式，充分开发学习资源，为学生提供多方位的实践动手操作训练机会。

评价方式：教学效果评价采取过程评价（学习态度、作业、实训报告等）占40%与结果评价（期末理论考核与实践技能考核）占60%的方式，理论与实践相结合，重点评价学生的职业能力。

6.中药炮制技术

课程总课时80学时，包括理论48学时、实验32学时。

课程目标：通过任务引领和项目活动，使学生掌握从事中药炮制生产所必需的基本理论、基本知识和基本技能，具有运用这些理论、知识和技能，进行中药材炮制加工的能力；熟悉现代新技术、新设备在中药炮制中的应用；了解相关学科的知识和技术，达到本专业学生应获得的职业资格证书中相应模块考证的基本要求，具备从事中药炮制生产岗位操作的职业能力，具有一定的就业、创业能力和继续学习的能力。同时培养学生具有努力实践、实事求是、科学严谨的学风和创新意识、创新精神以及良好的职业道德，为培养继承和发扬我国中医药事业的创新、应用型人才奠定良好基础。

教学内容：在内容编排上，教学内容的选取应满足理论够用、技术全面、重点突出、可持续发展的要求。侧重讲授各种传统的炮制技术与现代科学技术改革的成果与趋势、炮制的作用、炮制成品经验判别与现代质量标准的控制等，并将理论内容渗透到实践之中；具体操作技术力求全面和实践性强，以炮制技术为载体，涉及净制、切制、炒制、炙制、煅制及蒸煮法等主要炮制技术；同时适时、适量地渗透相关的现代技术和新机械的应用，比如用蒸制法改进黄芩软化工艺等。

教学方法：教学内容的设计突出"工学结合"的高职高专的特色，将本课程所涵盖的内容，包括必须掌握的学科体系的内容，与工作过程紧密联系，从而实现理论与实践、书本与职业行动的一体化，真正做到学以致用。教学过程中采取多媒体教学、视频演示、场景教学、现场演示、专题讨论以及实践教学体系和综合课程体系改革等形式，充分开发学习资源，给学生提供丰富的实践机会。

评价方式：教学效果评价采取过程评价（学习态度、作业、实训报告、阶段性测验等）与结果评价（期末理论考核与实践技能考核）各占50%的方式，通过理论与实践相结合，重点评价学生的职业能力。

7.毕业实习

课程总课时816学时，包括医院中药房实习648学时，医药公司、制药公司、药店等实习168学时。

实习项目：中药鉴定技术、中药的功效与应用、中药处方调配、中药炮制技术、中药制剂技术。

实习目标：毕业实习的主要目的是通过实习过程，巩固和加深理论知识，进一步掌握所学专业的基本技能和训练学生的实践思维能力，并能运用所学知识和技能，提高独立地从事所学专业知识的实际应用水平。通过毕业实习，让学生树立正确的世界观、人生观和价值观，培养良好的医德医风，坚持德智体全面发展，成为满足社会主义现代化建设要求的21世纪的高等技术人才。

教学场所：医院中药房、中药库（包括加工炮制）、制剂室；中药制药厂生产车间、包装车间、质检科。

组织方式：在分管教学院长领导下，由教科办与各专业全面负责毕业实习工作，对实习教学进行指导和检查。

考核方式：根据实习大纲要求，对学生实习期间的思想素质，业务能力，劳动纪律、出科考试、操作考核、毕业考试等成绩进行综合评定。毕业成绩考核方案：实习手册内容考核占总成绩的50%，出科考试占总成绩的20%，毕业考试占总成绩的30%。

三、考证培训

1. 教育部"1+X"职业技能等级证书

此类证书由中华人民共和国教育部发布，人社部和民政部全部认可，由教育部指定公司统一组织培训和考试。目前中药学专业开展的"1+X"证书考证的是育婴员，金华职业技术学院就是证书培训基地和考点。为了激励主动学习能力强、综合素质优秀的同学，培训费和考务费都由学校出资，相当于培训和考证都是免费的。

2. 美国心脏协会（AHA）初级生命支持（BLS）证书

中药学专业的学生也可以考取AHA证书。

3. 学生可以考取但学校未设考点的证书

中药炮制工：操作净制、切制或炮炙等设备，将中药植物、矿物、动物等药用原料制成中药饮片的人员。

工作任务：使用称量器具，量取原料和辅料；操作净制等设备，进行中药植物、矿物、动物等药用部位原料清洗、净选等加工处理；操作设备，控制溶媒种类、用量、温度和放置时间等参数，进行原料软化加工；操作切制或粉碎设备，将原料制成片、段、丝、块、颗粒或粉；操作炮炙设备，控制辅料种类、用量、加热温度、压力和时间等工艺参数，将原料加工成中药饮片；操作干燥设备，调控温度、水分和时间等参数，进行中药饮片干燥处理。

4. 学生毕业后可以考取的证书

（1）中药士、师

1）适用人员范围：经国家或有关部门批准的医疗卫生机构内，从事中药学专业工作的人员。

2）报名资格：中药士要具备相应专业中专、大专学历，可参加药（技）士资格考试。中药师要具备相应专业硕士学位；或具备相应专业大学本科学历或学士学位，从事本专业工作满1年；或具备相应专业大专学历，从事本专业工作满3年；或具备相应专业中专学历，取得药（技）士职称后，从事本专业工作满5年，可参加药（技）师资格考试。对符合报考条件的人员，不受单位性质和户籍的限制，均可根据本人所从事的工作选择报考专业类别参加考试。

3）专业及级别范围：中药学专业分为初级资格（含士级、师级）、中级资格。

（2）执业中药师

根据《执业药师职业资格制度规定》第九条，凡中华人民共和国公民和获准在我国境内就业的外籍人员，具备以下条件之一者，均可申请参加执业药师职业资格考试：

1）取得药学类、中药学类专业大专学历，在药学或中药学岗位工作满4年；

2）取得药学类、中药学类专业大学本科学历或学士学位，在药学或中药学岗位工作满3年；

3）取得药学类、中药学类专业第二学士学位、研究生班毕业或硕士学位，在药学或中药学岗位工作满1年；

4）取得药学类、中药学类专业博士学位；

5）取得药学类、中药学类相关专业相应学历或学位的人员，在药学或中药学岗位工作的年限相应增加1年。

考试科目：中药学专业知识（一）、中药学专业知识（二）、药事管理与法规、中药学综合知识与技能四个科目。

四、专业相关的科技竞赛

1.全国职业院校技能大赛"中药传统技能"赛项

"中药传统技能"赛项为中药学专业相关的经典赛项。自被列入国赛以来，金华职业技术学院几乎每年参赛。本赛项遵循习近平总书记对职业教育工作的重要指示和全国职业教育大会精神，牢固树立新发展理念，把大赛作为职业教育高质量发展的一个重要的抓手。通过大赛引导院校关注中医药产业、中医药产业升级和中医药行业转型的趋势，助力助推"三教改革"，培育新时代中医药领域的大国工匠、能工巧匠，提升职业院校人才培养质量。大赛坚持"基于教学、高于教学、引领教学"的内容设计原则，强化实践教学，培养学生中药性状鉴别、中药显微鉴别、中药调剂、中药炮制、中药药剂、中药制剂分析的知识与技能，通过还原真实情境，体现完整任务，考察综合能力，突出应变能力，强化职业素养等方面，考核检验参赛院校学生从事中药生产、流通、服务等岗位的综合职业素质和职业能力。通过大赛引起行业企业关注和参与教学改革，实现专业设置与产业结构对接、课程内容与职业标准对接、教学过程与生产过程对接，推进中医药高职教育又好又快地发展。该项比赛设置的技能点几乎覆盖了中药行业的所有就业岗位，因此，参与该赛项，对学生以后的实习、考编、入职以及职业生涯可积淀绝对的竞争优势。

2.全国医药行业特有职业技能竞赛"中药调剂员"赛项

为全面贯彻落实习近平总书记对技能人才工作的重要指示精神，更好地在全社会弘扬精益求精的工匠精神，激励广大院校师生和企业职工走技能成才、技能报国之路，加快培养大批高素质劳动者和高技能人才，由人力资源社会保障部、中国医药教育协会共同举办"中药调剂员"赛项。

比赛分职工组和学生组。比赛内容分为技术理论考试、实际操作比赛两个部分。理论考试满分 100 分，共计 100 道选择题，其中 60 道单选题、30 道配伍选择题与 10 道多项选择题，成绩按 30% 计入选手总成绩。实际操作分为中药饮片识别、中药真伪鉴别、中药处方审核、中药处方调配、中成药介绍 5 个项目，共计 100 分，成绩按 70% 计入选手总成绩。

该赛项主要检验选手的中药调剂能力，对于今后毕业从事中药调剂相关工作的学生更为适配，可为入职后参加职工组比赛奠定坚实的理论与技能基础。

走进康复治疗技术专业

一、专业概况

康复治疗技术专业创建于 2002 年，是浙江省最早开设该专业的高等院校，在专业建设与发展过程中得到了国内外知名康复专家的现场指导与教学。本专业是 2006 年国家示范重点建设专业群专业、2018 年浙江省高水平建设专业。2016 年金华职业技术学院以第二单位联合主持国家职业教育康复治疗技术专业教学资源库，现已顺利通过验收。2020 年 4 月起学校与武义县人民政府、浙江唐风温泉度假村股份有限公司进行战略合作，共同推进医教协同、产教融合、政校企合作人才培养模式。2022 年 9 月，金华职业技术学院武义学院开设康复治疗技术专业（中高职一体化），首批 40 名学生已顺利入学。

康复治疗技术专业现有校内专任教师 18 人，下设医学基础课程组、临床课程组和康复治疗技术课程组，高级职称占 66.7%，"双师比"达到了 100%。康复治疗技术课程组现有专任教师 8 名，康复专业化程度高，其中 2 人为物理治疗（康复）硕士，3 人为运动康复硕士，1 人受世界卫生组织康复师资培训，1 人为四川大学华西医学院首届康复医学毕业生，有博士 2 人；主持省级及厅局级教科研项目 10 余项；有 4 位老师被授予全国康复治疗技术专业学生技能竞赛"优秀指导教师"的荣誉称号。

团队联合主持国家职业教育康复治疗技术专业教学资源库建设，主持建设"正常人体结构""运动治疗技术""传统康复技术""典型康复教学案例库""技能训练（专业版）""家庭康复技能训练""康复教育研究"7 个子项目。

专业现有全国卫生职业教育教学指导委员会康复治疗技术专业分委会委员、中国康复医学会物理治疗专业委员会第一届物理治疗高校联盟常务委员、中国康复医学会物理治疗专业委员会运动康复物理治疗学组常务委员、中国康复医学会康复医学教育专业委员会第一届青年委员会常务委员、浙江省康复医学会理事、中国康复医学会浙江省康复医学会康复教育学组副主任委员等。

二、主干课程

1.人体运动基础（64 学时）

课程目标：掌握人体骨骼、关节、肌肉及支配神经的表面解剖标志，熟悉人体运动骨骼、肌肉、关节和心肺、运动控制与人体运动关系。能运用相关知识和基本技能分析常见正常或异常运动模式。

课程内容：运动基础知识、骨骼运动基础、肌运动基础、关节运动基础、心肺运动、运动控制和步态等内容。

教学方法：以项目为导向组织教学内容，采用线上线下混合式教学，线上教学借助职教云平台进行，线下采用教、学、做一体化教学，强化学生的动手能力和解决问题的能力。

教学环境：康复技能实训区、医学基础实验中心。

评价方式：采用形成性考核的评价方式，注重过程性评价，加强对学生线上自主学习、课堂实践、线上互动等内容的考核。

2.物理治疗基础（128 学时）

课程目标：掌握肌力、关节活动范围、肌张力、平衡、协调运动、体位转移能力、步行功能、运动控制、心肺功能等的评估和训练方法。

教学内容：根据工作任务分析组织课程内容，由肌力评估与训练、关节活动范围评估与训练、肌张力评估与训练、平衡功能评估与训练、协调功能评估与训练、体位转移能力评估与训练、步行功能评估与训练、心肺功能评估与训练等学习项目组成。

教学方法：案例教学、实训室仿真模拟演示、角色扮演、仿真实训、"职教云"线上线下混合式教学等。

教学环境：多媒体教室、康复技能实训区、附属医院康复中心。

评价方式：采用形成性考核的评价方式，注重过程性评价，加强对学生线上自主学习、课堂实践、课后实践成果检验等内容的考核。

3.作业疗法（48学时）

课程目标：掌握作业疗法的基本理论和基本技能，进行作业治疗的评估及处理一些常见病症。能根据患者的需求创新性地设计治疗性作业活动及压力治疗方法，同时能指导家属及患者应用辅助技术及器具或为患者进行家庭环境评估及改造，并具有社区作业治疗的能力。

课程内容：以临床案例为载体，按照实际工作过程组织序化课程内容。课程内容包括作业治疗评估、日常生活活动训练、手功能训练、感觉统合训练、辅助技术、认知障碍康复、工作康复、环境评估与改造等。

教学方法：以任务为驱动、项目为导向，教、学、做一体化教学。采用互动式教学、角色扮演、案例教学、线上线下混合式教学等方法。

教学环境：多媒体教室、康复技能实训区、教学基地、附属医院康复中心。

评价方式：采用形成性考核的评价方式，注重过程性评价，加强对学生线上自主学习、课外实践、线上作业等内容的考核。

4.传统康复疗法（84学时）

课程目标：掌握常用推拿手法的动作要领和临床应用，熟悉经络的生理功能和临床应用、常用体穴的定位和主治方法，能熟练运用针灸和推拿疗法缓解常见疾病的病症。

课程内容：由针灸与推拿两门子课程组成。以临床案例为载体，按照实际工作过程组织序化课程内容。能对常见疾病选用针刺法、灸法、拔罐法、头皮针、耳针、推拿等治疗方法，以改善患者的临床症状，达到预防及治疗效果。

教学方法：以任务为驱动、项目为导向，教、学、做一体化教学。采用互动式教学、角色扮演、案例教学、线上线下混合式教学等方法。

教学环境：多媒体教室、康复技能实训区、教学基地、附属医院康复中心。

评价方式：采用形成性考核的评价方式，注重过程性评价，加强对学生线上自主学习、课堂实践、课后实践成果检验等内容的考核。

5. 成人神经康复（80 学时）

课程目标：理解神经系统病损的原因，熟悉神经系统功能障碍康复评定、康复计划制订和实施原则，熟悉治疗效果的评价方法。能运用物理疗法、作业疗法、言语疗法、矫形器技术以及职业训练等手段，改善或代偿神经系统的功能，使患者能够回归家庭和社会。

课程内容：以临床案例为载体，设置神经系统疾病功能障碍康复评定，康复计划制订、具体实施，治疗效果的评价方法四个学习项目。课程包括脑卒中、脑外伤、脊髓损伤、脊髓灰质炎后遗症、周围神经损伤等的临床特点、康复评定和康复治疗等学习任务。

教学方法：以任务为驱动，项目为导向，教、学、做一体化教学，采用临床案例教学、临床观摩、仿真实训、线上线下混合式教学等。

教学环境：临床教学部康复技能实训区、附属医院康复中心、社会实践基地。

评价方式：采用形成性考核的评价方式，注重过程性评价，加强对学生线上自主学习、课堂实践、线上案例分析作业等内容的考核。

6. 肌肉骨骼康复（96 学时）

课程目标：理解肌肉骨骼系统功能障碍的原因，熟悉肌肉骨骼系统功能障碍的康复评定、康复计划制订和实施原则，熟悉治疗效果的评价方法。能运用物理疗法、作业疗法、假肢和矫形器技术以及职业训练等手段，改善或代偿肌肉骨骼系统的功能，使患者能够回归家庭和社会。

课程内容：以临床案例为载体，按照实际工作过程组织序化课程内容，分为骨折、软组织损伤、肩关节功能障碍、肘关节功能障碍、腕关节功能障碍、手功能障碍、髋关节功能障碍、膝关节功能障碍、踝关节功能障碍、截肢的临床特点、康复评定和康复治疗等 10 个教学项目。

教学方法：以任务为驱动，项目为导向，教、学、做一体化教学，采用临床案例教学、临床观摩、仿真实训、线上线下混合式教学等。

教学环境：康复技能实训区、教学基地、附属医院康复中心。

评价方式：采用形成性考核的评价方式，注重过程性评价，加强对学生线上自主学习、课堂实践、线上案例分析作业等内容的考核。

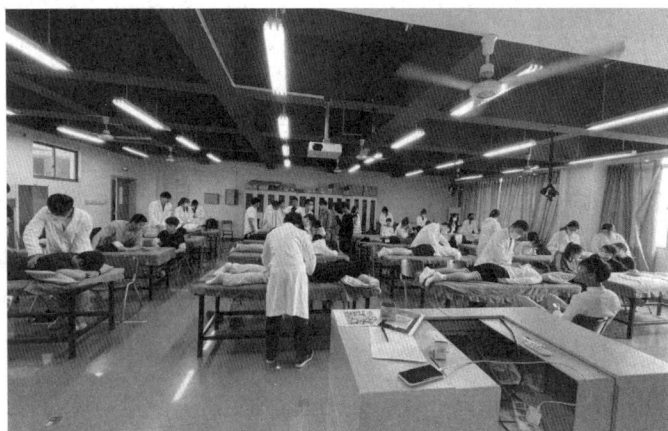

7.毕业实习

通过毕业实习，进一步巩固和加深所学的基础理论、基本技能，培养良好的职业素养，养成仁爱、严谨、勤劳的工作作风，能运用所学知识分析和解决工作中的问题，达到康复治疗人才准入标准。

内容与要求：集中实习时间 34 周，假期实习 2 周，共 36 周，其中运动治疗室 16 周、理疗 4 周、作业治疗 6 周、针灸推拿 4 周、言语治疗 4 周，机动 2 周。实习期间学生必须服从实习指导教师及实习单位的工作安排，在临床带教老师的指导下按实习大纲完成实习内容，参与科室教学查房、业务学习，做好实习笔记，完成实习手册记录。

组织与管理：毕业实习实行学校和实习单位的双重管理。学校主要制订实习大纲、实习计划，定期到实习单位走访，组织专业教师到实习单位进行教学检查、出科考试。实习单位根据学校实习大纲和实习计划安排学生实习，负责实习带教老师的选择和培养，实习生实习期间的管理，实习成绩的评定，及时反馈学生实习情况。师生之间利用金华医学教育微信平台进行信息交流。

考核与评价：毕业实习评价实行学校与医院双重评价。医院康复科在学生实习结束时都必须组织知识、技能和态度出科考核，毕业实习综合评价。学校负责出科考试和毕业考试。毕业实习成绩中实习单位主管部门对实习生的评价占50%，学校组织的出科考试成绩占25%，毕业考试成绩占25%。

三、专业开展的考证培训

1.教育部"1+X"职业技能等级证书

此类证书由中华人民共和国教育部发布，人社部和民政部全部认可，由教育部指定公司统一组织培训和考试。目前康复治疗技术专业开展的是家庭保健按摩（中级）的培训和考证。金华职业技术学院就是证书培训基地和考点，本专业专任教师大多是培训师资和考评员。

申报条件：①中、高职家政服务与管理专业或相关专业在校生，完成家庭保健按摩中级课程学习。②初中及以上学历人员，已取得初级家庭保健按摩职业技能等级证书，在对应工作岗位累计工作1年以上，并在正规培训机构参加家庭保健按摩中级培训，达到规定标准学时数。

面向职业岗位（群）：主要面向家政服务行业、健康管理行业、医院、社区卫生服务中心（站）、康复行业、保健按摩行业相关机构的服务、培训、管理等岗位。

2.美国心脏协会（AHA）初级生命支持（BLS）证书

本专业也可考取BLS证书。

四、专业学科竞赛

本专业学生可参加全国职业院校康复治疗技术专业学生技能竞赛（国二类）、浙江省康复治疗技术专业学生技能竞赛（省二类）。学校康复治疗技术专业学生业务素质过硬，在浙江省和全国康复治疗技术专业学生技能大赛中多次获得第一名或团体一等奖，其中一等奖8项，二等奖11项，三等奖5项。

职业生涯规划竞赛：康复191郝梦妮同学的"守护来自星星的孩子——儿童康复治疗师的约定"获第十二届浙江省大学生职业生涯规划中职业生涯规划类高职高专组一等奖。

创新创业竞赛："守耆科技——全时段、全方位、全智能养老领跑者"在2021年金华职业技术学院第五届"互联网+"大学生创新创业大赛中荣获铜奖。

走进医学检验技术专业

一、专业概况

医学检验技术专业创办于 1958 年，是当时省内开办该专业最早的两所院校之一。专业秉承"计量意识，理论熟知，技能全面，岗位实用"教学理念，注重学生职业素养培养，积极开展技能训练，提高专业技能，迄今已为社会输送了 2762 名优秀医学检验人才。医学检验技术专业 2002 年至今已连续三届担任全国高等医学检验教育研究会常务理事单位，是全国卫生职业教育教学指导委员会医学检验技术专业分委会主任委员单位。专业被评为浙江省"十三五"特色建设专业。

专业现有专任教师 16 人，其中教授 3 人，副教授 7 人，中级职称 6 人；博士 4 人，硕士 7 人；另有高级实验师及实验师共 3 人。专业校内实践基地面积 2280 平方米，建立了"医学检验综合实训区""智慧互动显微镜实验室"和"分子生物实验中心"，教学科研仪器设备总值 500 余万元，实践教学条件完备。收集了大量骨髓标本、寄生虫（卵）标本和各种菌种，自制彩色细胞图片等，用于学生实验实训，实验项目开出率 98%以上，技能训练项目多、时间长。专业在浙江省内建立了校外实习基地 32 家，其中三级以上医院 28 家，为学生毕业实习提供了可靠保障。

专业的主干课程有导论、有机化学、无机及分析化学、正常人体结构、正常人体机能、病理学、生物化学、临床医学概论、应急救护、药物应用、临床检验仪器、临床检验基础、微生物学检验、生物化学检验、病理学检验、免疫学检验、血液学检验、寄生虫学检验、分子生物学与检验、临床实验室管理等。

经过多年来的不断实践与改进，逐渐形成了由浅入深，由基础到专业，符合学习和认知规律的"院校协作、以服代训、学做交替、能力递进"的医学检验实践教学体系，提升了学生的职业能力，取得了良好的实践教学效果，得到了用人单位的好评。

二、学生培养质量和毕业去向

近五年，学生的就业率都在98%以上，基于"院校协作、以服代训、学做交替、能力递进"的医学检验实践教学体系培养的人才，受到了用人单位的好评。

就业方向：主要面向各级医院检验科、病理科、血库，各级疾病预防控制中心、血站、检验检疫、核酸检测基地、计划生育服务等机构，以及各类相关独立实验室、医学生物试剂生产、经营等企业，从事医学检验技术及相关岗位的工作。

升学方向：学生毕业后可参加浙江省统一的"专升本"考试，有机会进入温州医科大学和杭州医学院等本科院校医学检验技术、卫生检验与检疫等专业继续深造，也可参加本校与温州医科大学联合举办的医学检验技术专业本科函授学习。

三、核心课程介绍

1. 免疫学检验（90 学时）

教学内容：免疫学基础知识，包括免疫概念、功能和组成；抗原、抗体、补体和免疫分子概念、分类、功能及临床意义；抗原抗体反应原理、特点、影响因素等。常用免疫诊断学方法的原理、分类以及操作、注意事项及临床应用。免疫学方法临床应用，以及常用酶标仪、化学发光仪、特殊蛋白分析仪的使用和维护；免疫学检验的发展趋势。

教学方法：多媒体课件讲授法、问题教学法，实验与实训法（2 人一组或单独），操作示教法 7—8 人/组，分组讨论法，参观。

评价方式：平时作业 10%，期中考试 20%，实验考核 10%，阶段测验 10%，期末考试 50%。

教学资源：智慧职教、学习通、全国医学检验技术专业资源库等线上资源。

2. 临床检验基础（126 学时）

教学内容：血液、尿液等标本采集，常规项目的检查、注意事项、参考值和临床意义；血细胞自动分析仪、尿液自动分析仪、血凝自动分析仪等检验仪器工作原理、使用和维护保养；脱落细胞标本中正常细胞、炎症细胞、核异质细胞、典型癌细胞的形态特点和临床意义；ABO 血型、Rh 血型鉴定、交叉配血等方法、注意事项。

教学方法：多媒体课件讲授法，问题教学法，实验与实训法（2 人一组或单独），操作示教法（7—8 人/组），分组讨论法，参观。

评价方式：平时作业 10%，实验报告 10%，实验考核 20%，阶段测验 10%，期末考试 50%。

教学资源：智慧职教、全国医学检验技术专业资源库等线上资源。

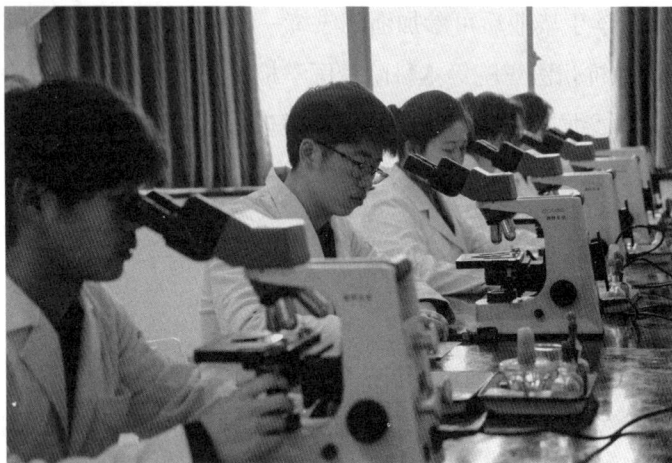

3. 微生物学检验（144 学时）

教学内容：病原微生物学基本知识；细菌的分类、命名，微生物感染基本概念、致病性和病理损害；临床上常见致病菌的生物学性状、生化试验、血清学试验、检验程序、检验方法及报告方式；支原体、衣原体、立克次体、真菌、常见病毒等特点、致病性及检验方法；常用微生物检验仪器使用和试剂配制；常用的消毒和灭菌方法；常见标本病原体的采集、运送、接种、分离培养和鉴定。有关微生物检验新仪器、新技术，以及实验室生物安全防范和医疗废物消毒处理知识。

教学方法：讲授法，问题教学法，实验与实训法（2 人一组或单独），操作示教法（7—8 人/组），分组讨论法，发现教学法及参观等。

评价方式：线上成绩 10%，期中考试 10%，实验考核 30%，期末考试 50%。

教学资源：智慧职教、全国医学检验技术专业资源库等线上资源。

4. 生物化学检验（126 学时）

教学内容：常用生物化学分析技术，如光谱、层析、离心等技术；免疫分析技术、生物芯片和生物传感技术，酶蛋白分离及纯化技术等；血液标本采集与处理，临床试验方法学评价和选择，试剂盒评价和选择等基本知识和技能；常用生化检验项目测定方法、原理、参考值、注意事项及临床意义。如白蛋白和球蛋白测定、肝功能、肾功能、心功能、血糖及相关项目、脂蛋白及相关项目、电解质和血气分析等。常用生化自动分析仪器使用与维护。实验室质量控制方法、结果判断及数据处理。

教学方法：采用多媒体课件讲授法、问题教学法、实验与实训法（2人一组或单独）、操作示教法（7—8人/组）、分组讨论法、探究教学法及参观等。

评价方式：网上考核15%，实验考核10%，期中测验15%，期末考试60%。

教学资源：智慧职教、全国医学检验技术专业资源库等线上资源。

5. 血液学检验（108学时）

教学内容:细胞生长发育和形态变化规律。正常骨髓细胞形态和骨髓象特点；骨髓检查基本方法。常用血细胞化学染色原理、方法及应用。常见血液病骨髓检查特点，如缺铁性贫血、巨幼细胞贫血、各种白血病等，以及有关辅助检查。溶血性疾病、止血和血栓性疾病的基本概念、临床知识以及常用检查项目原理、方法、实验结果分析和应用。有关血液病检验的新知识、新技术。

教学方法：采用多媒体课件讲授法、问题教学法、实验与实训法（2人一组或单独）、操作示教法（7—8人/组）、分组讨论法、探究教学法及参观等。

考核方式：平时作业10%，实验报告10%，实验考核20%，阶段测验10%，期末考试50%。

教学资源：本课程为省级精品课程，课程网站http://jpkc1.jhc.cn/xyjy/。网站中有完整教学标准和教学课件、大量细胞图片、课堂教学录像、复习思考题及案例分析等，可供学生课下学习和复习。

6. 寄生虫学检验（54学时）

教学内容:按照学生的认知规律编排内容，从简单到复杂，由单一到综合，从基础到专业，循序渐进。教学过程分为检验前、中、后三个模块，检验前模块包括绪论、寄生虫检验标本的采集处理、寄生虫学检验基本实验诊断技术；检验中模块包括血液寄生虫检验，粪便寄生虫检验，其他体液、组织寄生虫检验，寄生人体节肢动物检验，其他寄生虫检验；检验后模块包括检验结果审核与报告、检验标本、仪器等检验后处理。

教学方法：采用多媒体课件讲授法、问题教学法、实验与实训法（2人一组或单独）、操作示教法（7—8人/组）、分组讨论法、探究教学法及参观等。

考核方式：平时作业10%，实验报告10%，实验考核20%，阶段测验10%，期末考试50%。

教学资源：智慧职教、全国医学检验技术专业资源库等线上资源。

四、专业开展的考证培训

1.教育部"1+X"职业技能等级证书

此类证书由中华人民共和国教育部发布，人社部和民政部全部认可，由教育部指定公司统一组织培训和考试。目前医学检验技术专业开展的"1+X"证书考证考的是育婴员，金华职业技术学院就是证书培训基地和考点。为了激励主动学习能力强、综合素质优秀的同学，培训费和考务费都由学校出资，相当于培训和考证都是免费。

2.美国心脏协会（AHA）初级生命支持（BLS）证书

本专业的学生也可考取BLS证书。

3.学生毕业后可以考取的证书：检验士、检验师

（1）适用人员范围：经国家或有关部门批准的医疗卫生机构内，从事医学检验技术学专业工作的人员。

报名资格：检验士（获得从业资格、全国统考）要求中专或大专学历，从事本专业技术工作满1年。检验师（初级职称，全国统考）要求中专学历，从事临床医学检验技士职务满5年；大专学历，从事临床医学检验技士职务满3年；本科学历或硕士学位，从事本专业技术工作满1年。

对符合报考条件的人员，不受单位性质和户籍的限制，均可根据本人所从事的工作选择报考专业类别，参加考试。

（2）专业及级别范围：医学检验技术专业分为初级资格（含士级、师级）、中级资格（主管技师）和高级资格（副主任技师、主任技师）。

五、专业技能大赛

1.医学检验专业技能竞赛

竞赛由全国卫生职业教育研究会主办。比赛项目有血常规检验、尿常规检验、寄生虫检验操作技能、细菌检验、总蛋白测定、形态学检验和检验理论测试（考试范围：《临床检验基础》的白细胞检验部分、《生物化学检验》的血糖检验部分、《微生物学检验》的细菌的基本形状部分）。

2.检验科普作品大赛

大赛由全国卫生职业教育研究会主办。大赛的目的是弘扬以人民健康为中心的理念、推动健康知识普及，不断满足人民群众日益增长的健康知识需求。要求作品的主题与医学检验技术专业相关，作品的形式有表演类、视频类、音频类和图文类。

走进临床医学专业

一、专业概况

临床医学专业开设于 1956 年。1997 年，专业参与被称为"中国农村卫生综合改革首创版"的全科医学服务"多湖模式"的创建。其改革实践成果获金华市科学技术进步奖一等奖和浙江省人民政府教学成果奖二等奖。2004 年经教育部、卫生部联合评估，金华职业技术学院在全国高职院校中率先获批具有临床医学专业办学资格；2009 年开始承担浙江省政府下达的定向培养农村社区医生任务；2012 年 11 月，获批教育部、卫生部卓越医生培养计划项目——"3+2"三年制专科临床医学教育人才培养模式改革试点。

2012 年以来，本专业历届毕业生参加全国执业助理医师考试合格率均大大高于全国平均水平。在历届全国高职高专临床医学技能大赛和浙江省医学技术技能竞赛中，专业代表队多次荣获一、二等奖，展现出扎实的理论功底和娴熟的临床技能，受到普遍赞誉。

现有专任教师 20 余人，其中副高以上职称占 50%，博士、硕士占比超过 80%。专业还有一支由附属金华市中心医院、人民医院及社区医疗机构专家组成的 20 人左右的兼职教师队伍。

二、专业核心课程

1.诊断学基础

课程内容包括健康资料采集、常见症状评估、心理社会评估、功能性健康形态评估、身体评估基本方法、一般状态评估、皮肤和淋巴结评估、头面部和颈部评估、心脏评估、腹部评估、脊柱与四肢评估、神经系统评估、心电图检查、影像检查等学习项目。

2.内科学（传染病学）

课程内容包括呼吸系统疾病、循环系统疾病、消化系统疾病、泌尿系统疾病、血液系统疾病、内分泌和代谢疾病、风湿性疾病、理化因素所致疾病、神经系统疾病和精神疾病等内科常见病、多发病的病因、发病机理、临床表现。要求学生能根据病情需要选择辅助检查项目，学会疾病的鉴别诊断，应用所学过的基础医学理论，阐明患者临床表现的病理生理学基础，提出初步的临床诊断，学会基本的治疗方法及预防措施。

3.外科学

课程内容包括常见外科疾病和各种外伤的初步处置；创伤的初步治疗和现场急救。外科基本操作技术包括，外科无菌技术和消毒、铺巾、打结、缝合、止血、换药、拆线，体液失衡、外科感染、肿瘤、损伤患者的处置，呼吸系统、循环系统、消化系统、泌尿系统、内分泌系统、神经系统疾病患者的诊疗。

4.妇产科学

课程内容包括女性生殖系统解剖与生理、正常妊娠、正常分娩、正常产褥、异常妊娠、异常分娩、分娩期并发症、异常产褥、妇科病史及检查、女性生殖系统炎症、女性生殖系统肿瘤、滋养细胞疾病、月经失调、其他常见妇科疾病、计划生育、妇女保健等。

5.儿科学

课程内容包括儿童保健、儿童营养、儿科疾病诊治原则、儿科遗传免疫内分泌疾病、新生儿与新生儿疾病、营养障碍性疾病、儿童各系统常见疾病等10个教学单元，以服务对象的类别为线索来进行项目设计教学。教学以项目为导向，充分体现整体儿童治疗观，使学生对临床工作的对象、方法有基本的知会。设计仿真情境让学生进行模拟实验，有计划地实施临床见习，让教学贴近临床。

三、技能证书

毕业一年后可考取执业助理医师证书。

四、学科技能大赛

浙江省教育厅于每年3—4月举行的大学生医学技术技能大赛（临床医学专业赛道）是全省医学院校的一次教学质量大检阅，是省属医学院校办学实力的展示平台。赛制为小组赛。每年约有40余支队伍、约160余名选手参赛。

比赛内容涵盖内、外、妇、儿、五官、急救、护理等学科理论知识和操作技能。重点考察本专业领域的基本理论、基本知识、基本技能，强调思维能力、医学人文关怀与团队合作等综合素质，重视健康教育。

临床医学专业从新生入学教育就对学生进行比赛的动员。所有担任临床专业教学任务的基础部、临床专业、护理专业、助产专业教师也都会在教学过程中增强学生的竞赛意识，入学伊始就在临床专业学生中树立起为学校、为集体的荣誉而拼搏的信念，通过课外兴趣小组的形式关注和培育竞赛人才。

大学生医学技术技能大赛是专科三年学生和五年制本科学生开展的竞赛。我们专科学生必须在课余时间弥补理论基础薄弱的不足，每年的竞赛辅导从暑期开始，经历暑假、寒假、春节，直到次年 3 月参赛。

挑战卓越

——各类大赛

一、中国"互联网+"大学生创新创业大赛

中国"互联网+"大学生创新创业大赛，是由教育部与政府、各高校共同主办的一项技能大赛。大赛旨在深化高等教育综合改革，激发大学生的创造力，培养造就"大众创业、万众创新"的主力军；推动赛事成果转化，促进"互联网+"新业态形成，服务经济提质增效升级；以创新引领创业、创业带动就业，推动高校毕业生更高质量创业就业。大赛在每年4—5月启动报名，6月各大高校举办初赛，7—8月省级复赛，10月总决赛。

"互联网+"大赛共有高教主赛道、"青年红色筑梦之旅赛道"、职教赛道、萌芽赛道、产业命题赛道五个赛道。其中高教主赛道的参赛组别分为本科生组、创意组、初创组、成长组，类别分为新工科类、新医科类、新农科类、新文科类。"青年红色筑梦之旅赛道"的参赛组别分为研究生组、创意组、初创组、成长组，类别分为"互联网+现代农业""互联网+制造业""互联网+信息技术服务""互联网+文化创意服务""互联网+社会服务"。职教赛道的参赛组别分为创意组与创业组，类别分为创新类、商业类、工匠类。

二、"挑战杯"全国大学生系列科技学术竞赛

"挑战杯"全国大学生系列科技学术竞赛，简称"大挑"，是由共青团中央、中国科协、教育部、全国学联和地方省级政府共同主办，国内著名大学承办、新闻媒体联合发起的一项具有导向性、示范性和群众性的全国竞赛活动。大赛始终坚持"崇尚科学、追求真知、勤奋学习、锐意创新、迎接挑战"的宗旨，在促进青年创新人才成长、深化高校素质教育、推动经济社会发展等方面发挥了积极作用，在广大高校乃至社会上产生了广泛而良好的影响。"挑战杯"被誉为当代大学生科技创新的"奥林匹克"盛会，每两年举办一届。

"大挑"一般分为三大类：自然科学类学术论文、社会科学类社会调查报告和学术论文、科技发明。"大挑"专本科组、硕士组、博士组分开评审。国赛最多可以报 8 人。

三、"挑战杯"中国大学生创业计划竞赛

"挑战杯"中国大学生创业计划竞赛简称"小挑"，是由共青团中央、中国科协、教育部、全国学联主办的大学生课外科技文化活动中一项具有导向性、示范性和群众性的创新创业竞赛活动。"小挑"每两年举办一届。

"小挑"分普通高校、职业院校两个组别。"小挑"设科技创新和未来产业、乡村振兴和脱贫攻坚、城市治理和社会服务、生态环保和可持续发展、文化创意和区域合作五个组别。

四、大学生职业生涯规划大赛

浙江省大学生职业生涯规划大赛由省教育厅、团省委、省学联主办，省教育发展中心主办，每年4—9月为校级初赛，9月为省级复赛，10月为省级决赛，2022年后设有国赛。

大赛设职业规划类和创新创意类两个类别。职业规划类分本研、高职高专和残疾人3个组别（残疾人组另行发文）。创新创意类分本研和高职高专2个组别。其中，职业规划类以培养生涯规划能力为目的，以选择具体职业就业为目标；创新创意类以培养创新意识和创新思维为目的，以科技创新、文化创意为导向。

五、国家奖学金

为激励学生勤奋学习、努力进取，在德、智、体、美、劳各方面得到全面发展，对二年级以上（含二年级）全日制在籍在校特别优秀学生设立国家奖学金评选。国家奖学金的评审坚持公开、公平、公正、择优的原则，每学年评审一次，按照浙江省教育厅及学校下达的国家奖学金名额实行评审。奖励标准为每人每年 8000 元。

医学院社团介绍

社团是校园文化建设的重要组成部分，充分发挥社团的积极作用，能活跃校园生活，丰富校园文化，营造良好的育人氛围，引导学生树立正确的价值观和发展目标，培养学生的自主学习习惯和增强其自我发展能力。医学院现有社团 10 个，其中学术科技类 4 个，分别是仁心康复协会、杏林中药协会、天使护理协会、博爱医学社；文化体育类 2 个，分别是艺海合唱团和青枝书画协会；自律互助类 2 个，分别是侃轩演讲协会和论语品读协会；思想政治类 1 个，红色光影青年学社；志愿公益类 1 个，即精灵手工协会。

社团举办各类社团活动，精彩纷呈，丰富了校园文化。其中，2021 年 6 月，侃轩演讲协会和仁心康复协会荣获校"五星级社团"，2021 年 12 月，侃轩演讲协会荣获校"十佳社团"，2021 年艺海合唱团于"12·9"大合唱荣获特等奖。

一、仁心康复协会

仁心康复协会的前身为仁心推拿协会，成立于 2004 年 2 月。以"传递仁爱之心、传播健康之道"为口号，以"培养技能、提高素质、服务社会"为宗旨，以"学分制课堂"为核心，以健康服务为目的，协会开展了多项标志性活动，如社区志愿服务、爱心驿站等。2022 年 3 月，仁心康复协会于鹿田创业园开设了以康复服务为主营业务的店铺。

协会成立以来，获多项殊荣。2006 年到 2017 年间，仁心康复协会连续被评为校"十佳社团"，其中多次被评为校"五星级社团"，2007 年获"浙江省高等学校优秀学生社团"称号，2018 年、2019 年连续两年在中国青年报社举办的"寻找全国高校百强学生社团"活动中被评为全国优秀学生社团，2019 年获得了由共青团中央网络影视中心和未来网颁发的"全国学生最具影响力公益志愿社团"。多位学员获省级、国家级康复技能大赛一等奖。目前，社团在校社员 472 余名；累计前往社区开展志愿服务活动达 10 余次；爱心驿站服务约 1200 人次。社团接受市级媒体报道累计 2 次；市级媒体网络直播 1 次。

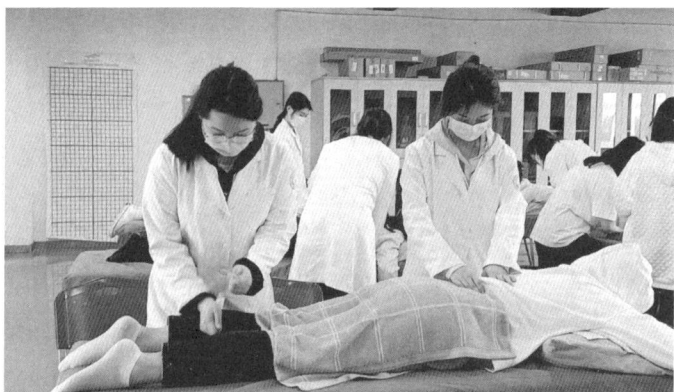

二、杏林中药协会

杏林中药协会成立于 2002 年 2 月，现有成员 146 名。自成立以来，协会一直以"宣扬中药，交流学术，增强合作，提升素质"为宗旨，致力于宣传中华文化瑰宝。作为集专业学习和社会实践于一体的社团，协会将专业知识与社团活动挂钩，如开展"中药炮制 博大精深"学分制课堂，围绕什么是中药、中药炮制、中药的发展、药名背后的故事、如何继承中药这五个主题展开、制作凉茶、制备香囊等，也曾举办过"杏林药膳比赛""药用植物摄影大赛""中药饮片鉴定大赛"等活动。这些实践活动，丰富了同学们的课外生活，提高了他们的实践能力，做到了理论与实践相结合，让大家在实践中学习，在学习中体验到实践的乐趣。协会有志于在中国中药文化的发展及中药宣传中散发自己的光和热。协会曾获校"十佳社团""五星级社团"等殊荣。

三、侃轩演讲协会

侃轩演讲协会成立于1998年，以口才为特色，以气质为底蕴，集辩论、演讲、朗诵于一身。协会开展了以"筑梦，金职"为主题的一系列比赛，包括演讲比赛、辩论赛、征文比赛。协会开展演讲和辩论的理论培训，如开办了中文"日常口语交际""演讲与口才""如何提高演讲技巧""千辩万话——辩论技巧辅导"等系列讲座、开展"秀口全接触"演讲比赛、"千辩万话"辩论赛、开展"秀口全接触""千辩万话"演习等。社团以锻炼同学们口才、丰富同学们知识、培养同学们能力为宗旨，曾举办过"爱国杯""神转折""抗疫之声"等特色活动，也获得过校"十佳社团""五星级社团""四星级社团"等荣誉。

四、艺海合唱团

艺海合唱团成立于2011年9月，现有成员140名。自成立以来，协会一直秉承"弘扬合唱艺术，活跃社团文化，丰富学生业余文化生活，提高学生生活的综合素质和艺术修养，构建人文校园、和谐校园"的宗旨，致力于通过歌声，发挥合唱队这种以特殊形式出现的"教书育人"的作用。它的成立有利于活跃校园艺术氛围，进一步推进了学校素质教育的发展。协会每学期都会组织下社区活动，通过举办一系列文艺表演活动，走进社区，加强与社会的交流与联系，提高协会自身的影响力。协会曾获 2021 年"12·9"合唱比赛特等奖、2020 年"12·9"校合唱比赛一等奖、2017 年"12·9"校合唱比赛二等奖、校"四星级社团"等荣誉。

五、青枝书画协会

青枝书画协会成立于 1998 年 5 月，现有成员 50 名，是学校广大书画爱好者进行书画学习和交流的天堂。自成立以来，协会通过开展书画教学、书画展、写春联等多种活动，帮助社员和同学们认识书画、了解书画、热爱书画，吸引了许多学生积极参与到活动中，陶冶情操，感受中华传统书画的魅力。协会秉承着"让热爱书画的同学聚集在一起，交流对书画的不同观点，分享喜欢的书画进行研究与思考"的宗旨，致力于为喜爱书画的同学们提供一个交流与实践的平台。协会举办了一系列特色活动，如"勤俭节约，你我做起""庆元旦迎新年""留住绿色，万物'植'得"，形成了品牌效应，提升了协会的知名度和影响力。社团曾被评为校"四星级社团"。

六、天使护理协会

天使护理协会成立于 2009 年 12 月，现有成员 134 名。自成立以来，协会始终秉持"从心做起，真诚相待"，弘扬南丁格尔精神，传承大爱护理文化。协会注重技能培养，将理论与实践相结合，积极组织社员开展学习交流、技能培训管理等活动，夯实专业基础，拓展专业技能。通过课程学习、护理技能竞赛等活动提升医护技能，促进社员发展。协会先后举办了"废物利用之口罩改造"活动，让同学们懂得保护环境的真谛；"新时代青年，我们在行动"下社区志愿活动，为老人测量血压、按摩肩颈，给他们送去温暖。天使护理协会开展了各项有益的工作，对提高学生对护理专业的认知和理解、促进学生学业进步、加强学生思想教育都具有重要意义。协会多次被评为校"四星级社团"。

七、博爱医学社

博爱医学社成立于 2009 年 12 月，共有 280 名社员。本社以"学为可用，创新进取"为宗旨，推行大胆创新、学以致用的理念，培养社员的护理操作能力。通过自主举办或参加系列活动如急救知识竞赛、校运动会医疗小组等来检验社员水平。同时协会深入社区，给居民们提供健康咨询和服务，如免费测血压、CPR的知识的普及和日常生活中的一些疾病的防治知识。服务活动受到大家的普遍支持。博爱医学社连续多年获得校"四星级社团"等荣誉。

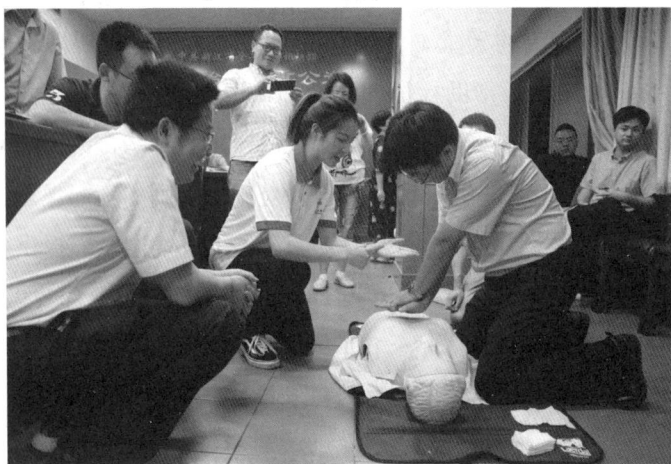

八、精灵手工协会

精灵手工协会成立于 2006 年 12 月，现有成员 85 人，为在校广大手工爱好者提供学习和沟通的平台。自成立以来，协会致力于让同学们在课余感受手工的魅力，丰富业余时间，锻炼动手能力，增强团队精神，让手工作品有展示的舞台，焕发新的时代光彩。精灵手工协会举办了许多贴近时代，富有意义的活动，如"心向党，向未来——剪影党史"，一把刻刀，雕刻出过往先辈的荣光。本年度社团共开展了三大类活动，包括思想政治教育类的党史剪纸活动；资源保护教育类的万物"植"得、展望"浆"来绘画、口罩改造等活动；艺术创意类的面塑活动、花艺折纸等。这些活动充分提高了社员的参与度，调动了大家的积极性，提高了大家的动手能力。协会曾多次获得校"五星级社团""四星级社团"等荣誉。

九、红色光影青年学社

红色光影青年学社成立于 2016 年 2 月。自成立以来，社团立足于"青年大学生"这一主体，通过丰富多彩的社团活动调动社员学习先进理论的积极性。社团致力于传承红色文化和基因这一宗旨，让同学们在课余时间也能回望历史，了解红色文化。协会成功创立了"光影杯"微电影大赛这一校级品牌活动。第一届"光影杯"微电影评选出 29 部正能量满满的微电影作品。基于此，2021 年还参加了第五届"我心中的思政课"全国高校大学生微电影比赛，并荣获优秀奖。第二届微电影正在火热征集中，在学生群体中引起了较大反响。在此期间，学社于院校市级媒体共计发文 20 余篇。学社曾获校"光影杯"微电影比赛三等奖、校"四星级社团""三星级社团"等荣誉。

十、论语品读协会

论语品读协会成立于 2013 年 8 月，现有成员 103 名。自成立以来，协会一直秉承"尊重经典、弘扬经典文化，使其更加贴近大众的生活"的宗旨。协会致力于引导社员感受中华优秀传统文化的魅力——从汉朝的汉服文化到革命时期的红色精神，再到现代的社会主义核心价值观。在传承中华优秀传统文化的大背景下，协会积极响应国家号召，继承和发扬传统文化，注重儒家思想，以"仁"为中心，开展了一系列修身养性的社团活动。如"品论语，诵经典活动"读圣贤书，立君子品，做有德人。"践行'双碳'目标，展现青年担当"活动将古代论语中的"天人合一"思想与当今碳排放问题相结合。社团也曾获校"三星级社团"等荣誉。

志愿服务与社会实践

一、志愿服务

医学院依托专业优势，开展以医护服务为主线的各类社会实践活动。学院打造"医路·健行"志愿服务品牌，构建起完善的实践育人模式。"医路·健行"志愿先锋队成立于 2017 年，前身为"全心全医"青年志愿者大队，现有注册志愿者 4740 人。自成立以来，团队始终聚焦社会健康需求，发挥医护专长，依托医学专业师生和校友力量，致力于居民健康促进活动。团队积极开展社区义诊、入户体检、健康宣教、急救培训等服务，目前已累计服务数千次，受益人群高达 26 万余人。此外，团队中标政府买单的公益创投项目，多方联合构建一站式社区健康服务范式。近两年团队已在浙江衢州、金华、武义等地共建了 19 个社区乡村合作基地，打造了医护康养服务联盟，打通了居民基层医疗服务"最后一公里"，助力社会健康治理功能的发挥和优化。

团队曾获全国百强社会实践团队、浙江省红十字奉献服务奖、金华市大中专学生志愿者暑期社会实践优秀团队、省最美志愿服务组织等 40 余个荣誉和奖项。团队服务得到学习强国、中国青年网、浙江新闻等媒体的关注和报道，得到了民政部门、行业专家和群众的认可和好评。团队还与金华市大脚印救援队、金华市"8890"建立长期合作关系，不断开拓志愿者服务项目，让健康生活的理念深入民心，引导青年医学生争做新时代健康"守门人"。

除此之外，学院结合学生"青马工程"培训体系，开展"仁术实践课堂"专项活动。专项活动以班团为单位组织开展志愿服务，对接社区、学校、养老院等单位，加强团支部与基层社会组织联系合作，发挥团员青年优势，进一步提升了实践育人可及性，提高了学生参与度及扩大辐射面。2022 年，累计 25 个班级参与组织实践工作，先后赴金华万达社区、湖海塘社区、山咀头社区、武义壶山街道等多地，结合各专业特色开展服务。2022 年，学院服务参与共700 余人次，累计服务时长 6000 余小时，共惠及 5000 余人。

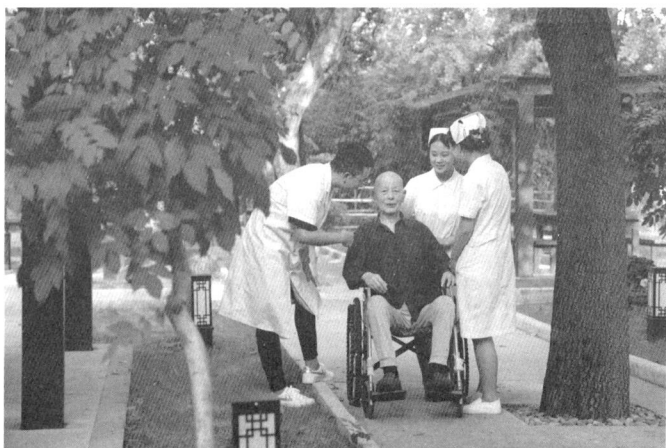

二、团学组织

当前团学组织设置学生会、团委、宿管中心、资助中心、心理健康中心（一会一委三中心）。学生会主要做好学生思想引领、校风学风建设引导等工作。团委做好基础团委、创新创业、活动宣传等内容。宿管中心协助完成寝室文化建设、生活指导等。资助中心协助完成资助对象帮扶、活动开展。心理健康中心主要开展学生心理活动，做好同学心理疏导，发挥心理朋辈互助作用。

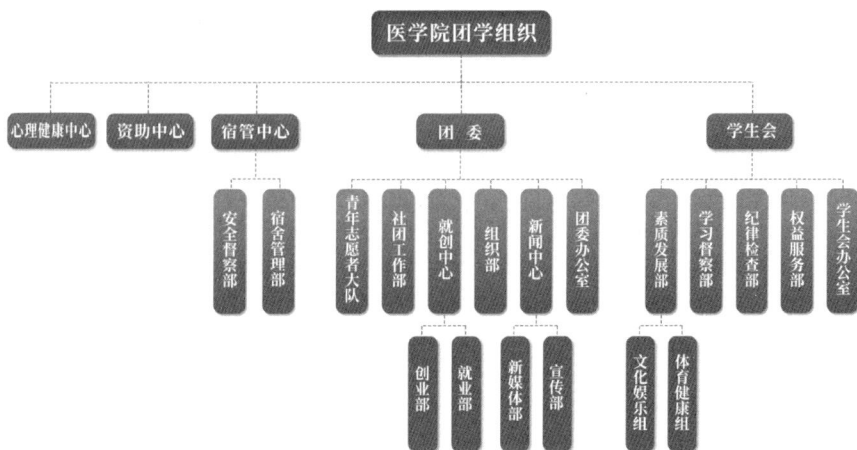

班委设置上，共设置多名班委（其中 3 人为团支部委员，为团内职务），分别与学生团学各部门对接，确保班级事务有效衔接。

学生会办公室	→	班长
权益服务部	→	事务委员
纪律检查部	→	副班长
学习督察部	→	学习委员
体育健康组	→	文体委员、所有院队
文化娱乐组	→	文体委员
团委办公室	→	团支书
社团工作部	→	所有社团
宿舍管理部	→	副班长、寝室长
安全督察部	→	生活委员
就创中心	→	事务委员
资助中心	→	生活委员、寝室长
心理健康中心	→	心理委员
青年志愿者大队	→	实践委员
组织部	→	团支书、组织委员
宣传部	→	宣传委员
新媒体部	→	各社团和各部门
分管安保辅导员	→	安保委员

写下你最喜欢的课程、老师和原因。

写下让你印象最深刻的活动和原因。

写下你参加的技能竞赛以及它带给你什么。